1252公認

女子
アスリート
コンディショニング
エキスパート検定

テキストブック

一般社団法人
スポーツを止めるな 編

TOYOKAN BOOKS

はじめに

　このたびは、新たな学びのプラットホーム「1252公認 女子アスリート コンディショニングエキスパート検定（1252エキスパート）」のためのテキストをお手にとっていただき心より感謝申し上げます。

　私たち1252プロジェクトは、「生理×スポーツ」というテーマを掲げ、スポーツを切り口に女子アスリートの健康課題に日々向き合っています。

　2021年3月に立ち上げたばかりの、まだまだ日の浅い団体ではありますが、おかげさまで多くの皆さまから共感の声をいただき、様々な課題の共有をし、解決に向けた道筋をともに考えていくなど幅広いご協力をいただいております。

　プロジェクトを発足してからまもなく3年。生理とスポーツの課題は、私たちが想像した以上に根が深く、また、大変繊細な領域であると改めてわかってきました。この活動を進める中では、ときに課題を解決していけるような光を見つけられることもあれば、一方で新たな課題が見つかるケースも多くあります。これからも一つひとつの課題に真摯に向き合い、丁寧に進めていかなければならないと感じています。

　これまでの活動を通じて、ありがたいことに学生や指導者の声を直接聞く機会が多くありました。訪問してきた多くのスポーツ現場では「学びたいけれど、学ぶ場がない」という声をいただき、そもそもの生理の仕組みを知らないということだけではなく、どうやって女子学生とアスリートとコミュニケーションをとったらよいかなど、指導者の皆さんも悩んでいる様子がうかがえました。

　1252プロジェクトでは、主に女子学生アスリートに向けて、医学的・専門的知見をもって啓蒙する取り組みを行っていますが、特に10代の時期は

こころと身体の成長にとって重要で、まだまだ大人の力が必要な時期であると思っています。

　「体調がすぐれないのは生理だから」「お腹が痛いときは病院（婦人科）に行くといい」──このような選択は、10代の学生がたった一人で決められるでしょうか。自信をもって決断できるでしょうか。

　実際に学生からは、「私たちはまだ10代で、大人がたくさんいる婦人科には行きにくい」という声もあります。なかには、知識が豊富で自分の意思で選択できる人もいるとは思いますが、部活動に入っていたり、周囲にチームメイトがいたりという環境では、大人の理解や後押しが大変重要になると感じます。

　また、生理について学び、チームの中で共通認識を持っていることが、話しやすい相談しやすい環境を実現できる一歩になると考えています。

　このテキストは全体で7章立てになっています。婦人科をはじめとする医学的知識はもちろんのこと、栄養やコミュニケーションの領域など様々な分野の専門性を高めた内容になっています。

　テキストを作成するにあたっては、その分野を代表する専門家の先生方にご協力いただいているのも特徴です。特に女子アスリートを指導するに際に重要な領域は網羅されていると思います。

　今、女子アスリートの指導に悩んでいる方、生理とスポーツについての知識をお求めの方のお力になれれば嬉しい限りです。

1252プロジェクトリーダー　伊藤華英

女子アスリート コンディショニングエキスパート検定と WEBサイトのご案内

（１２５２エキスパート検定）

本検定は、女子アスリートのパフォーマンス向上において、指導者として必要な知識を問う検定試験です。女性特有の課題に対する知識や対策を学んでいきます。

基礎知識を網羅する２級と、より専門性の高い１級の２つの級が設置されています。

２級
「女子アスリートを指導する上で必ず知っておくべき基礎知識」を習得します。
対象女子スポーツの指導に関わる全ての方（女子運動部の教員、学校教員、保護者など）

１級
「女子アスリートを指導するプロフェッショナルとして身につけるべき高度な専門知識や応用知識」を習得します。
対象女子スポーツの指導者として専門性の高い知識を必要とする方（女子スポーツの専属コーチ、指導者など）

実施概要
オンラインのみで実施されます。
申込方法など詳細は1252エキスパート検定WEBサイトをご覧ください。

WEBサイト
WEBサイト上では、検定に関する最新情報や特別収録出演者の対談動画など学びのツール、さらに書籍購入者限定の特典コンテンツなど、本検定にまつわるあらゆる情報をご用意しております。
ぜひテキストとともにご活用いただき、日々の女子アスリートへの指導やパフォーマンス向上にお役立てください。

https://1252expert.com

CONTENTS

chapter 3 女子アスリートの身体を正しく知る②
─運動生理学─ ‥‥‥‥‥‥‥‥‥‥‥‥‥‥‥‥‥‥‥101

chapter 4 女子アスリートの食事を正しく知る
─栄養学─ ‥‥‥‥‥‥‥‥‥‥‥‥‥‥‥‥‥‥‥‥129

chapter 5 女子アスリートとクリーンスポーツ

―アンチ・ドーピング活動を通したクリーンアスリートとして― ⋯ 157

chapter 6 女子アスリートのパフォーマンスを正しく引き出す

―ストレングス＆コンディショニングとケア― ⋯⋯⋯ 181

chapter 1

女子アスリートの
スポーツ環境を正しく知る
―基礎データ―

将来の夢について子どもたちに尋ねてみると、

男の子はスポーツ選手を挙げることが多いのに対し、

女の子ではほとんど挙がらないことに気がつきます。

スポーツにおける性差は、なぜ生まれるのでしょう?

この章では、女子アスリートが置かれている

スポーツ環境の歴史的背景や、成長段階に応じた性差、

女子アスリート特有のスポーツにおける悩みなど、

客観的なデータから女子スポーツを取り巻く環境についての

理解を深めます。

スポーツと
ジェンダーに関する統計

| 学習のポイント |

● 女性のリーダーシップの育成には未だ課題があることを知る。
● 年齢を問わず女性の運動・スポーツ実施状況に課題があることを知る。
● 身近なところからスポーツ界のジェンダー平等に向けて戦略的に取り組む。
● 女子学生アスリートがスポーツに取り組む上で感じている課題を理解する。

1 近代オリンピック大会における参加選手

(1) 120年以上かけて達成された参加選手数の平等

　女性は近代オリンピック大会に1900年第2回大会（パリ）から参加しました。テニスとゴルフであわせて22名の女子アスリートが参加しましたが、この人数は、参加者全体の2.2％に過ぎませんでした。当時、この二つの競技には、社交の場として女性が加わることが認められていました。羽根飾りのついた帽子をかぶり、足首まである長いスカートを履いて競技に参加する女性たちの写真や絵画が残されています。それから120年以上をかけ、参加者における男女別の割合はようやく50％ずつになろうとしています（**図1**、**図2**）。

　このように長い間、近代オリンピック大会への参加者に男女差があった背景には、①社会のジェンダー規範が影響し、女性がスポーツをすることに抵抗や制約があったこと、②そもそも近代オリンピックが成人男性を主役とする社会のスポーツによる教育的な社会運動として構想されたことがありました。

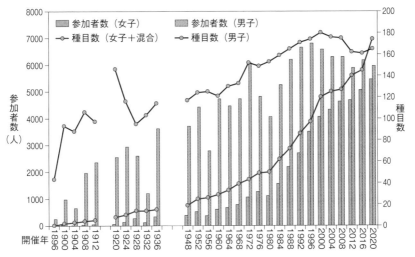

※データの都合により女子種目数には混合種目を加算
※2023年4月版IOC"Factsheet_Women in the Olympic Movement"のデータより作成

図1　夏季五輪の男女別参加者数と種目数

（來田，2023）

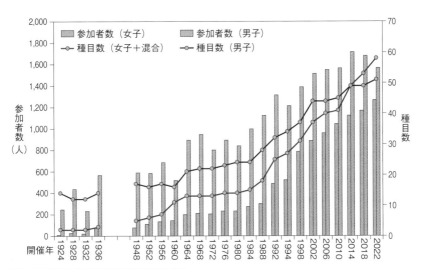

※データの都合により女子種目数には混合種目を加算
※2023年4月版IOC"Factsheet_Women in the Olympic Movement"のデータより作成

図2　冬季五輪の男女別参加者数と種目数

（來田，2023）

（2）ジェンダー平等に関するプレイフィールド外での課題

　参加選手数の男女差は、1990年代以降、国際オリンピック委員会（IOC）が各国オリンピック委員会に働きかけたり、女性競技・種目数や混合種目数を増やしてきたことでなくなりつつあります。14～18歳の選手が参加するユース・オリンピック大会では、2018年第3回夏季大会（ブエノスアイレス）、2020年冬季大会（ローザンヌ）では男女同数の選手が参加しました。

　しかし、プレイフィールド外でのジェンダー平等には、まだまだ課題があります。東京2020大会から入場行進時の各国の旗手は両性の選手が務めることが推奨され、メディアを通して両性が平等に協力する社会を目指すことがアピールされました。一方、各国・地域のオリンピック委員会（NOC）、選手団の団長、技術役員、公認コーチの女性割合は、非常に低いレベルに留まっており、課題だとされています（**図3**）。IOCはNOCの女性の役員割合を2020年までに最低30％とする目標を掲げてきましたが、これを満たしていないNOCは多くあります。

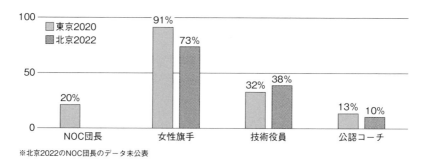

※北京2022のNOC団長のデータ未公表

図3　オリンピックにおけるプレイフィールド外での女性の割合
（IOC, Factsheets Women in the Olympic Movement, 2023.4）

　日本では、スポーツ庁が中央競技団体向けのガバナンスコードにおいて女性の役員割合40％を早期に達成することを求めています。2021年に役員を改選した日本オリンピック委員会（JOC）の他、ラグビー、フェンシン

の競技団体では平均25%に上昇しました。

（3）IOCのジェンダー平等戦略

　スポーツ界のジェンダー平等がなかなか達成されないことを受け、IOCは2018年に戦略的な取り組みの見直しを行いました。2024年までの戦略では、女子アスリートの参加を拡大することはもちろん、女性のリーダーシップ、ハラスメントや性的ハラスメントがない女子アスリートにとって安心・安全なスポーツ環境の構築、メディアでの言葉、画像、報道の質や量における平等な描かれ方、財源配分など5つの重点領域を定めました。

　こうした戦略は、日本のスポーツ界にも非常に参考になります。例えば、大会プログラムの競技順一つをとっても、クライマックスイベントが男性種目だけになっていないかなど、身近なところで環境を整えることが可能です。特に指導者は、女子アスリートを育成するだけでなく、将来のスポーツ界のリーダーを育てているのだということを意識する必要があります。

2　運動・スポーツ実施率における男女差

　はじめに、成人の運動・スポーツ実施の状況が把握できるデータとして**図4**を紹介します。この図は「過去1年間に何らかの運動やスポーツを1回以上実施した者の割合」を男女別に示したもので、約50年前の1972年からの推移を把握することが可能です。

　過去、男女で最も差がみられたのは1976年の女性55.9%に対して男性75.5%の19.6ポイント差でした。当時の成人女性の約半数は、年に1回も運動・スポーツを行っていなかったことがわかります。男女差が10ポイントを下回るのは2004年頃からで、2015年あたりからは男女差が5ポイント前後と縮まってきている状況が確認できます。ただ、この50年の間、依然として「年1回以上」でみた女性の運動・スポーツ実施率は男性を下回っ

ているのが現状です。

　この図をながめながら、なぜ、女性の運動・スポーツ実施率が男性よりも低いのかを考える機会にしていただきたいと思います。いつの日か、女性の割合が男性を上回る時期がくることを期待しながら、今後も推移を見守っていきたいと思います。

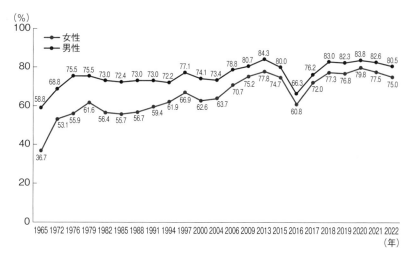

図4　成人の運動・スポーツ実施率（性別、年1回以上）
（スポーツ庁，スポーツの実施状況等に関する世論調査，2016-2022，笹川スポーツ財団，スポーツ白書，1996，内閣府，体力・スポーツに関する世論調査，2004，2006，2009，文部科学省，体力・スポーツに関する世論調査，2013より作成）

　最近では、男女差がなくなりつつあるようにみえる実施率ですが、成人以外の世代を含め、また「週1回以上」の実施頻度も加えて確認してみましょう。**表1**は、成人（18歳以上）、青少年（12〜21歳）、子ども（4〜11歳）の世代別に、「年1回以上」「週1回以上」の運動・スポーツ実施率をまとめたものです。

　成人では、「年1回以上」の実施率の男女差は4.5ポイントと、先程の**図4**（5.5ポイント差）とほぼ同じ結果となっていますが、「週1回以上」の実施率をみると、男女差はわずか0.9ポイントであることが確認できます。

この傾向は2016年頃からみられており、成人の年１回以上の実施率では男性が女性を上回るものの、週１回以上の定期的な実施者では、男女の差があまりみられなくなります。つまり**成人女性は、運動・スポーツを実施する人は男性よりも少ないものの、実施している女性は、運動・スポーツを定期的に実施していること**を示しています。

　青少年（12〜21歳）の状況を確認すると、「年１回以上」の実施率は10.4ポイントの差で男性が高く、定期的な「週１回以上」の実施率では13.2ポイントと男女差はさらに開くことがわかります（**表１**）。

　子ども（４〜11歳）では、「年１回以上」「週１回以上」の実施率ともに男女差はなく、わずかながら、どちらも女子の実施率の高い特徴がみられます（**表１**）。４〜11歳の女子の実施率の高さは、いわゆるスポーツではなく、運動あそびが主となっていることも確認できています。４〜11歳の子どもの世代では、身体を動かしている割合に男女の差は認められないが、その身体活動の実施が、12歳以降の青少年世代に継続されていないことを示す結果となっています。

表１　運動・スポーツ実施率（世代別）

実施頻度	性別	子ども ４〜11歳 n=1,496 （2021年）	青少年 12〜21歳 n=1,663 （2021年）	成人 18歳以上 n=3,000 （2022年）
年１回以上	全体	96.9	80.3	72.9
	女性	97.6	75.1	70.7
	男性	96.1	85.5	75.2
週１回以上	全体	93.9	65.4	58.5
	女性	94.3	58.8	58.1
	男性	93.5	72.0	59.0

（笹川スポーツ財団，12〜21歳のスポーツライフに関する調査，2021，笹川スポーツ財団，スポーツライフに関する調査，2022）

　12〜21歳の青少年世代の実施状況の詳細を把握するためのヒントとして

図5を紹介します。この調査は、実施頻度・実施時間・運動強度の三つの観点から表2のとおり、非実施者の「レベル0」から「レベル4」までの基準を設定して集計しています。青少年世代の性別・学校期別の結果（図5）をみると、非実施者の「レベル0」は男女ともに学校期が進む（中学校期→高校期→大学期→勤労者）につれて、その割合は増加しており、男子よりも女子の非実施者の割合の多さが確認できます。

　一方、高頻度・高強度での実施をあらわす「レベル4」では、中学校期の男女差は13.3ポイント、高校期になると22.8ポイントにもなります。女子は中学卒業、男子は高校卒業をきっかけに運動・スポーツ実施の状況が大きく変化していることを示しています。この傾向は10年前の2010年調査結果でも同様であることから、この間の女子のスポーツ推進政策の効果検証の必要性を感じています。

表2　運動・スポーツ実施レベル

実施レベル	基準
レベル0	過去1年間にまったく運動・スポーツをしなかった（0回／年）
レベル1	年1回以上、週1回未満（1〜51回／年）
レベル2	週1回以上、週5回未満（52〜259回／年）
レベル3	週5回以上（260回以上／年）
レベル4	週5回以上、1回120分以上、運動強度「ややきつい」以上

（笹川スポーツ財団，12〜21歳のスポーツライフに関する調査，2021）

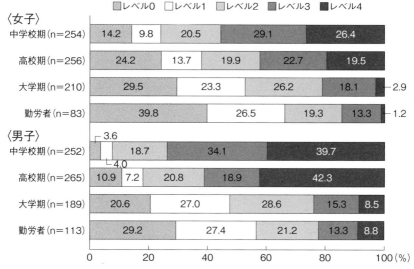

凡例: ■レベル0 □レベル1 ■レベル2 ■レベル3 ■レベル4

〈女子〉
中学校期(n=254) 14.2 / 9.8 / 20.5 / 29.1 / 26.4
高校期(n=256) 24.2 / 13.7 / 19.9 / 22.7 / 19.5
大学期(n=210) 29.5 / 23.3 / 26.2 / 18.1 / 2.9
勤労者(n=83) 39.8 / 26.5 / 19.3 / 13.3 / 1.2

〈男子〉
中学校期(n=252) 3.6 / 18.7 / 34.1 / 39.7
高校期(n=265) 10.9 / 7.2 / 20.8 / 18.9 / 42.3（4.0）
大学期(n=189) 20.6 / 27.0 / 28.6 / 15.3 / 8.5
勤労者(n=113) 29.2 / 27.4 / 21.2 / 13.3 / 8.8

0　20　40　60　80　100（%）

図5　運動・スポーツ実施レベル（12〜21歳,性別×学校期別）
（笹川スポーツ財団，12〜21歳のスポーツライフに関する調査，2021）

　子ども（4〜11歳）、青少年（12〜21歳）の運動・スポーツ種目をみると、女子は10歳以前では「運動あそび」が主となり、スポーツ系が実施種目の上位にないが、男子は4歳の幼少期から継続して「スポーツ系種目」のサッカーに親しみ10代へと継続していることが確認できます（**表3**）。女子は、幼少期からスポーツ系の種目に親しみ、継続できる環境にないことが一因ではないか、あるいは、そもそも女子が実施したいと思えるような種目が現状では提供できていないことも考えられます。

表3 「よく行った」運動・スポーツ実施種目（4〜21歳・性別・学校期別）

学校期	順位	女子 実施種目	実施率(%)	男子 実施種目	実施率(%)
未就学児	1	おにごっこ	53.8	自転車あそび	53.1
	2	ぶらんこ	52.4	おにごっこ	52.4
	3	自転車あそび	39.3	ぶらんこ	36.1
	4	かくれんぼ	33.8	かけっこ	34.7
	5	鉄棒		サッカー	33.3
小学1・2年	1	おにごっこ	59.0	おにごっこ	64.0
	2	なわとび（長縄跳びを含む）	53.0	ドッジボール	36.0
	3	自転車あそび	39.8	サッカー	34.9
	4	鉄棒	37.3	自転車あそび	
	5	ぶらんこ	30.7	水泳（スイミング）	32.6
小学3・4年	1	おにごっこ	60.6	おにごっこ	58.8
	2	なわとび（長縄跳びを含む）	35.8	ドッジボール	46.9
	3	水泳（スイミング）	31.6	サッカー	43.1
	4	ぶらんこ		水泳（スイミング）	31.9
	5	鉄棒／ドッジボール	27.5	なわとび（長縄跳びを含む）	26.9
小学5・6年	1	おにごっこ	57.2	おにごっこ	53.1
	2	なわとび（長縄跳びを含む）	32.4	ドッジボール	45.6
	3	ドッジボール	31.1	サッカー	43.2
	4	バドミントン	23.4	水泳（スイミング）	26.1
	5	ぶらんこ	23.0	バスケットボール	17.4
中学校期	1	ジョギング・ランニング	27.1	サッカー	37.9
	2	バドミントン	25.2	ジョギング・ランニング	22.2
	3	おにごっこ	24.8	野球	21.0
	4	バレーボール	22.5	おにごっこ	20.6
	5	なわとび（長縄跳びを含む）	18.8	バスケットボール	18.1
高校期	1	バドミントン	27.3	サッカー	37.7
	2	ウォーキング	23.7	ジョギング・ランニング	22.9
	3	ジョギング・ランニング	22.7	バスケットボール	21.6
	4	筋力トレーニング	20.1	筋力トレーニング	19.5
	5	バレーボール	17.0	バドミントン	18.6
大学期	1	ウォーキング	38.5	ジョギング・ランニング	24.0
	2	筋力トレーニング	28.4	筋力トレーニング	
	3	ジョギング・ランニング	24.3	サッカー	21.3
	4	バスケットボール	21.6	野球	20.0
	5	バスケットボール	16.2	ウォーキング	17.3

※赤の網掛け枠がスポーツ系種目、白枠は運動あそび

（笹川スポーツ財団，12〜21歳のスポーツライフに関する調査，2021）

3 **小・中学校男女の体力テストの結果**

　子どもの体力・運動能力の推移を把握できる、文部科学省・スポーツ庁が1964年から毎年小学生から高齢者まで全国７万人を対象に実施している「体力・運動能力調査」の結果を紹介します。

　図６・**図７**は、小学５年生と中学２年生の「50m走」と「ボール投げ」の記録の推移を示したものです。子どもの体力・運動能力レベルが最も良かったといわれる1985年の平均値を100％とし、1985年時との比較ができるようにしています。

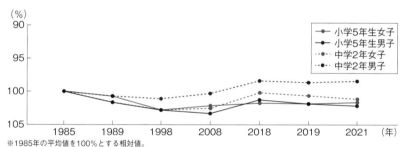

※1985年の平均値を100％とする相対値。
※2020年は新型コロナウイルス感染拡大のため例年どおりの調査ができなかったため除く。
※50m走のため縦軸の数値は反転している。
　　　　　　　　　　　　　　文部科学省・スポーツ庁「体力・運動能力調査」（1985～2021）より作成

図６　50m走の推移（小学５年生と中学２年生）
（笹川スポーツ財団，スポーツ白書2023～次世代のスポーツ政策～，2023）

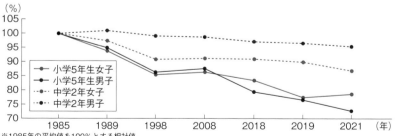

※1985年の平均値を100％とする相対値。
※2020年は新型コロナウイルス感染拡大のため例年どおりの調査ができなかったため除く。
　　　　　　　　　　　　　　文部科学省・スポーツ庁「体力・運動能力調査」（1985～2021）より作成

図７　ボール投げの推移（小学５年生と中学２年生）
（笹川スポーツ財団，スポーツ白書2023～次世代のスポーツ政策～，2023）

50m走の記録は全体的な傾向として、1998年まで13年間低下し、その後2008年までは横ばい、2018年には上昇傾向が確認できますが、2019年以降はその傾向が鈍化しています（**図6**）。

　ボール投げの記録は2008年までは50m走と類似した傾向を示しますが、小学5年生では一定程度維持されている一方で、中学2年での低下が顕著で、1985年と比べると低下の程度が50m走よりも大きくなっていることがわかります（**図7**）。

　具体的な記録を小学5年生でみると、50m走では、女子は1985年9.00秒→2021年9.16秒と平均で0.16秒遅くなっています。男子は1985年8.75秒→2021年8.84秒と平均で0.09秒遅くなっています。ソフトボール投げでは、女子は1985年20.52m→2021年15.97mと平均で4m55cm投げる距離が短くなっています。男子は1985年33.98m→2021年25.43mと平均で8m55cmも投げる距離が短くなっています。この35年間で走る速さよりも、ボールを投げる記録が低下しており、特に小学5年生男子の投動作が課題であることがわかります。

4　小・中学校男女の総運動時間の結果

　続いて、子どもの体力の現状を詳細に把握できるデータを紹介します。文部科学省・スポーツ庁が2008年から毎年、小学5年生と中学2年生を対象に実施している、「全国体力・運動能力、運動習慣等調査」の結果です。

　その中に、1週間の総運動時間のデータがあります。普段の1週間について「学校の体育・保健体育の授業以外で、運動（体を動かす遊びを含む）やスポーツを、合計で1日およそどのくらいの時間していますか」に対して回答された各曜日の時間を合計したものです。60分未満（1日10分も身体を動かしていない）と回答した者の割合が、小学5年生の女子14.6％、男子8.8％、中学2年生の女子18.1％、男子8.1％となっています。以前から、身体を動かしていない中学女子の割合が、小学男子や中学男子と比べても高

い割合で、中学女子の運動習慣の改善が求められています。

　図8・9は、同調査において体力・運動能力テストの合計点の分布を示したもので、全体の平均を表した赤色の「折れ線」をみると、山のような形になっています。それを、1週間の総運動時間が、420分未満の児童・生徒と、420分（1日平均1時間）以上に分けてみると、グレーの棒が420分未満、赤色の棒が420分以上の体力合計点となります。その分布をみると、グレーの棒グラフと赤色の棒グラフの山の形が違うことがわかります。

　これらの図からわかることは、小学5年生や中学2年生の体力が、体力のある子とない子に「二極化」しているということです。さらに、子どもの体力は、全体的に低くなっているのではなく、体力の低い子が、全体の平均値を下げていることがわかっています。今後は、体力の低い子に対する取り組みが重要になってきます。

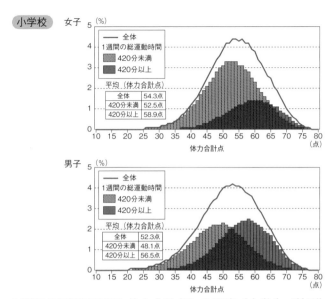

図8　1週間の総運動時間と体力合計点との関連（小学生／性別）

（スポーツ庁，全国体力・運動能力，運動習慣等調査，2022）

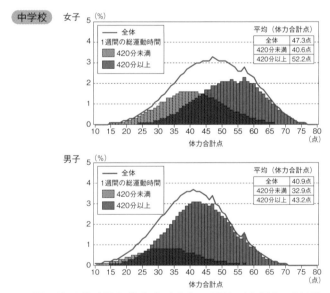

図9　1週間の総運動時間と体力合計点との関連（中学生／性別）

（スポーツ庁，全国体力・運動能力，運動習慣等調査，2022）

5 運動部活動への加入状況（中学・高校）

　中学校の全生徒数と運動部活動加入率の推移を示したのが**図10**です。生徒数は少子化にともなって減少が続いている中、運動部活動への加入率もおだやかな減少の傾向がみられます。加入率を性別にみると、2016～2021年度にかけて女子では55.1%→52.9%、男子では75.4%→69.5%と過去5年間で減少傾向にあります。ただ、2016年度では20.3ポイントあった男女差が、2016年度では16.6ポイントであり、年々男女差が縮小してきています。

　ちなみに、高校においては、この10年間で全生徒数が約34万人減少しており、運動部員数も約9万人減少していますが、運動部への加入率は2011年度41.0%→2021年度42.6%と1.6ポイント上昇してます。ただ、高校女子の運動部活動への加入率は男子より低い状況であることは変わりありません。

※加入率は参考種目の生徒数を加えて算出。
日本中学校体育連盟資料（2021）、文部科学省「学校基本調査」（2021）より作成

図10　中学校の生徒数と運動部活動の加入率の推移（全体・性別）
（笹川スポーツ財団，スポーツ白書2023～次世代のスポーツ政策～，2023）

では、次に加入している登録者の多い部活の種目をみてみましょう（**表4**）。2016・2021年度の中学校運動部活動の種目別登録者数（上位10種目）をまとめたものです。

表4　中学校運動部活動の種目別登録者数（中体連：上位10種目）

2021順位	女子	2021年度		2016年度	
	種目	登録者数	登録率（%）	登録者数	登録率（%）
1	ソフトテニス	160,644	19.2	186,931	20.4
2	バレーボール	151,277	18.1	158,073	17.2
3	バスケットボール	126,121	15.1	135,500	14.8
4	卓球	88,720	10.6	95,219	10.4
5	陸上競技	88,563	10.6	95,062	10.4
6	バドミントン	84,322	10.1	87,100	9.5
7	ソフトボール	30,190	3.6	34,692	3.8
8	剣道	29,782	3.6	34,692	3.8
9	水泳	14,837	1.8	16,782	1.8
10	ハンドボール	9,940	1.2	11,336	1.2

2021順位	男子	2021年度		2016年度	
	種目	登録者数	登録率（%）	登録者数	登録率（%）
1	サッカー	167,256	14.6	227,735	17.3
2	バスケットボール	164,005	14.3	175,987	13.4
3	軟式野球	149,485	13.0	185,314	14.1
4	卓球	146,937	12.8	148,160	11.3
5	ソフトテニス	138,335	12.1	171,397	13.0
6	陸上競技	123.916	10.8	126,111	9.6
7	バレーボール	56,889	5.0	56,782	4.3
8	バドミントン	55,827	4.9	46,671	3.6
9	剣道	42,307	3.7	54,177	4.1
10	水泳	27,001	2.4	31,923	2.4

※登録率は参考種目を含めた加入者数を母数として計算。
（日本中学校体育連盟資料，2016，2021，笹川スポーツ財団，スポーツ白書2023〜次世代のスポーツ政策〜，2023）

　2021年度の女子では「ソフトテニス」が16万644人（登録率19.2％：中学で運動部に加入している女子の５人に１人はソフトテニス部）と最も多く、次いで「バレーボール」「バスケットボール」「卓球」「陸上競技」「バドミントン」の順となっています。男子では、「サッカー」が16万7,256人（登録率14.6％：中学で運動部に加入している男子の６～７人に１人はサッカー部）と最も多く、次いで「バスケットボール」「軟式野球」「卓球」「ソフトテニス」「陸上競技」と続きます。中学校の運動部活動では、男女で種目の順位に特徴がみられることと、2016年度の登録率と比較してもいずれの種目も横ばいの傾向を示していることがわかります。

6 　習い事としての運動・スポーツ（幼児・小学生）

　４～11歳（小学５・６年生）において、習い事としてどのような運動・スポーツが行われているのかを確認しましょう。はじめに、笹川スポーツ財団の2021年の調査によると、現在習い事をしている４～11歳は71.2％で、女子が73.7％、男子が68.8％と女子のほうが4.9ポイント高くなっています。

　表５の性別・就学状況別に習い事の内容をみると、女子は「水泳（スイミング）」と「ピアノ」が未就学児から小学３・４年までは１位と２位を占めますが、小学５・６年になると男子同様に「学習塾」が１位になります。「ダンス（ヒップホップダンス・ジャズダンスなど）」「バレエ」は、全年代で上位10位に入っており、女子に人気の習い事であることがわかります。男子では「水泳（スイミング）」が未就学児、小学１・２年、小学３・４年のいずれも１位で、小学５・６年では「学習塾」が１位となります。「サッカー」は全年代で上位５種目にランクインし、未就学児から小学生年代の男子に人気の習い事であることがわかります。

表5　習い事としての運動・スポーツ種目（幼児・小学生）

女子

未就学児 (n=159)			小学1・2年 (n=175)			小学3・4年 (n=163)			小学5・6年 (n=249)		
順位	種目	実施率(%)	順位	種目	実施率(%)	順位	種目	実施率(%)	順位	種目	実施率(%)
1	水泳（スイミング）	23.5	1	ピアノ	30.4	1	水泳（スイミング）	28.5	1	学習塾	24.3
2	ピアノ	14.8	2	水泳（スイミング）	25.0	2	ピアノ	24.4	2	ピアノ	23.5
3	体操	11.4	3	英会話	20.8	3	学習塾	21.8	3	習字	21.3
4	英会話	10.7	4	学習塾	15.5	4	英会話	17.6	4	英会話	17.8
5	学習塾	5.4	5	習字	10.7	5	習字	13.5	5	水泳（スイミング）	14.8
5	ダンス（ヒップホップダンス・ジャズダンスなど）	5.4	5	ダンス（ヒップホップダンス・ジャズダンスなど）	10.7	6	ダンス（ヒップホップダンス・ジャズダンスなど）	9.8	6	そろばん	9.1
7	習字	3.4	7	体操	10.1	7	体操	7.3	7	ダンス（ヒップホップダンス・ジャズダンスなど）	7.4
7	バレエ	3.4	8	バレエ	4.2	8	そろばん	6.2	8	バレエ	4.3
9	サッカー	2.0	9	そろばん	4.2	8	バレエ	6.2	9	バスケットボール	3.9
9	新体操	2.0	10	通信学習	3.0	10	通信学習	4.1	10	空手	3.5

男子

未就学児 (n=159)			小学1・2年 (n=175)			小学3・4年 (n=163)			小学5・6年 (n=249)		
順位	種目	実施率(%)	順位	種目	実施率(%)	順位	種目	実施率(%)	順位	種目	実施率(%)
1	水泳（スイミング）	21.4	1	水泳（スイミング）	32.6	1	水泳（スイミング）	30.1	1	学習塾	28.9
2	サッカー	10.7	2	サッカー	16.0	2	サッカー	21.5	2	水泳（スイミング）	19.7
2	ピアノ	10.7	3	学習塾	13.7	3	英会話	16.0	3	英会話	14.9
4	体操	10.1	4	体操	10.3	3	学習塾	16.0	4	サッカー	14.1
5	英会話	8.8	5	英会話	9.1	5	習字	9.5	5	野球	8.0
6	学習塾	7.5	6	ピアノ	8.6	6	野球	6.1	6	空手	7.6
7	空手	1.9	7	そろばん	8.0	7	ピアノ	5.5	7	習字	6.0
7	習字	1.9	8	野球	5.7	8	テニス	4.3	8	ピアノ	5.6
7	ダンス（ヒップホップダンス・ジャズダンスなど）	1.9	9	習字	5.1	8	バスケットボール	4.3	9	そろばん	4.8
10	絵画	1.3	10	バスケットボール	4.0	10	剣道	3.7	9	体操	4.8
10	体操クラブ、スポーツ教室	1.3				10	そろばん	3.7			
10	幼児教室	1.3				10	通信学習	3.7			

※赤の網掛け枠がスポーツ系の習い事

（笹川スポーツ財団，12〜21歳のスポーツライフに関する調査，2021）

　未就学児と小学生の違いとしては、女子は「ピアノ」「英会話」「習字」「学習塾」といった芸術・学習系の習い事の実施率が高くなっていく一方、男子は「サッカー」「野球」といったスポーツ系の種目も多くランクインするようになります。小学３・４年以上になると上位５種目中のスポーツ系の習い事は「水泳（スイミング）」の１種目となります。このように、未就学児や小学生年代は、習い事として運動・スポーツに親しんでいる状況があり、習い事の中でも男女で実施している種目が異なることがわかります。

7　日本スポーツ協会公認指導者・トレーナー等の女性割合

　表6には、2017年と2022年の日本スポーツ協会（JSPO）公認指導者の女性割合が示されています。スポーツ栄養士以外のすべての資格において、女性の割合が低いことがわかります。競技別指導者資格では、コーチ４、上級教師など、より上位の資格になるほど、女性割合が低い傾向がみられます。スポーツ組織の役員では、スポーツ庁のガバナンスコードの影響もあり、女性割合は増加していますが、指導者では2017年以降の５年間でほとんど変化していないといえます。

　表7は過去２回のオリンピック大会におけるスタッフの女性割合を示したものです。女性スタッフの全体数は増えたものの、監督、コーチ、医師、トレーナーのすべてにおいて、割合は25％にも到達していません。監督とトレーナーでは割合が増えて進展がみられますが、コーチや医師では割合が減少しました。このように、アスリートを支援する人々に関しては、女性割合は低く、男女平等とはいえない現状があります。

　東京2020大会における日本理学療法士協会公募への理学療法士応募者は、女性157名（18.8％）、男性678名（81.2％）（日本理学療法士協会・2022）でした。これは、国内におけるスポーツに関わる理学療法士の男女比を反映していると考えられます。こうしたデータには、スポーツに関わる多様な分野での女性の育成が求められていることが示されています。

表6　日本スポーツ協会公認スポーツ指導者における女性割合

領域	資格	女性		男性	
		2017年	2022年	2017年	2022年
スポーツ指導基礎資格	コーチングアシスタント	－	3,070名 (19.6%)		12,625名 (80.4%)
競技別指導者資格	スタートコーチ（スポーツ少年団）		1,695名 (18.4%)		7,501名 (81.6%)
	スタートコーチ（教員免許状所持者）		35名 (14.2%)		212名 (85.8%)
	スタートコーチ		546名 (23.7%)		1,760名 (76.3%)
	コーチ1	25,044名 (22.4%)	25,648名 (21.5%)	86,563名 (77.6%)	93.852名 (78.5%)
	コーチ2	2,769名 (22.2%)	2,491名 (23.5%)	9,714名 (77.8%)	8,092名 (76.5%)
	コーチ3	3,409名 (18.4%)	4,486名 (18.1%)	15,079名 (81.6%)	20,346名 (81.9%)
	コーチ4	464名 (8.0%)	609名 (8.7%)	5,344名 (92.0%)	6,368名 (91.3%)
	教師	1,261名 (38.4%)	1,046名 (38.3%)	2,021名 (61.6%)	1,684名 (61.7%)
	上級教師	176名 (14.0%)	145名 (14.8%)	1,078名 (86.0%)	837名 (85.2%)
メディカル・コンディショニング資格	スポーツドクター	465名 (7.8%)	615名 (9.7%)	5,495名 (92.2%)	5,694名 (90.3%)
	スポーツデンティスト	9名 (3.8%)	46名 (6.9%)	226名 (96.2%)	621名 (93.1%)
	アスレティックトレーナー	784名 (22.7%)	1,170名 (23.4%)	2,669名 (77.3%)	3,832名 (76.6%)
	スポーツ栄養士	233名 (92.1%)	428名 (92.2%)	20名 (7.9%)	36名 (7.8%)
フィットネス資格	フィットネストレーナー	174名 (38.2%)	157名 (37.6%)	282名 (61.8%)	261名 (62.4%)
	スポーツプログラマー	1,339名 (37.3%)	1,169名 (37.3%)	2,249名 (62.7%)	1,968名 (62.7%)
	ジュニアスポーツ指導員	1,675名 (36.7%)	1,705名 (38.3%)	2,893名 (63.3%)	2,748名 (61.7%)
マネジメント資格	アシスタントマネジャー	1,869名 (33.4%)	1,873名 (32.9%)	3,719名 (66.6%)	3,822名 (67.1%)
	クラブマネジャー	120名 (30.2%)	118名 (31.4%)	278名 (69.8%)	258名 (68.6%)

日本スポーツ協会提供（2022年10月1日現在）（内閣府男女共同参画局，男女共同参画白書，平成29年度 男女共同 参画社会の形成の状況）

表7　オリンピック大会におけるスタッフの女性割合

	リオ大会（2016）		東京大会（2020）	
	女性	**男性**	**女性**	**男性**
監督	3名 （8.1%）	34名 （91.9%）	9名 （16.4%）	46名 （83.6%）
コーチ	18名 （17.0%）	88名 （83.0%）	32名 （14.7%）	185名 （85.3%）
医師	2名 （20.0%）	8名 （80.0%）	3名 （15.8%）	16名 （84.2%）
トレーナー	5名 （15.6%）	27名 （84.4%）	16名 （24.6%）	49名 （75.4%）

※本部役員を除く

（日本オリンピック委員会HP https://www.joc.or.jp/）

8　女子学生アスリートがスポーツをする上で感じている課題

　ここからは、運動部に所属している女子学生が感じている課題意識とその対策について紹介していきます。1252プロジェクトが実施した運動部に所属する女子学生に対する調査（**図8**）によると、女子学生アスリートが競技をする上で課題と捉えていることは、学業との両立（71.8%）が最も多く、次いで、体重管理（29.0%）、チームメイトとの人間関係（28.7%）、競技に費やす時間の確保（26.1%）、月経痛・月経に伴う体調不良（22.1%）などが挙げられました。学生ならではの学業と競技にかける時間に対する課題とともに、女子アスリートならではの月経の課題も浮き彫りになりました（生理のことを医学用語では「月経」といいます）。

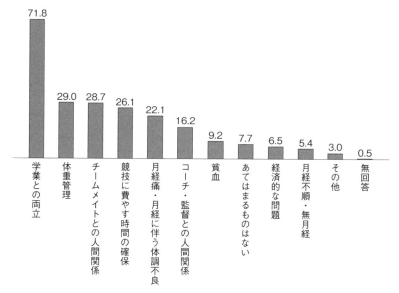

図8　女子学生アスリートがスポーツをする上で感じている課題
（1252プロジェクト，運動部学生におけるスポーツ×月経実態調査，2021）

9 ▶ 女子学生アスリートの月経に対する課題と対策

　同調査で、月経周期とスポーツにおけるコンディションの関連を聞いた質問では、67.5%の学生が関連があると回答しました（**図9**）。

　また、スポーツをする上で月経に関連する悩みを聞いた項目では、スポーツの大会・試合と月経期間が重なることや、パフォーマンスへの影響、体調の変化など、様々な悩みが挙げられました（**図10**）。

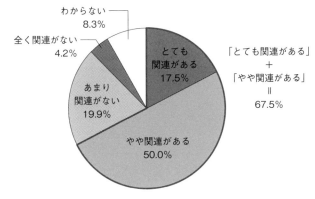

月経周期は、あなたの運動・スポーツにおける身体のコンディションと
パフォーマンスにどの程度影響していますか？

図9　月経周期とスポーツにおけるコンディションに対する関連度
(1252プロジェクト，運動部学生におけるスポーツ×月経実態調査，2021)

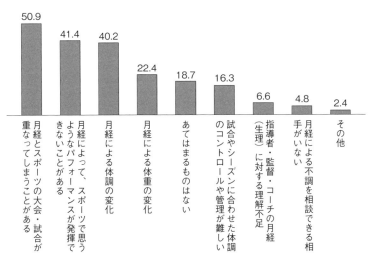

図10　スポーツをする上での月経に関連する悩み
(1252プロジェクト，運動部学生におけるスポーツ×月経実態調査，2021)

　一方で、月経に対する対策としては、「特別な対策は何もしていない」が
63.4％と最も高く、「両親や家族に相談する（8.5％）」「医療機関を受診す

る（2.9％）」「コーチ・監督などの指導者に相談する（2.7％）」など周囲の大人や専門家に相談している割合は、いずれも1割以下にとどまる結果になりました（**図11**）。

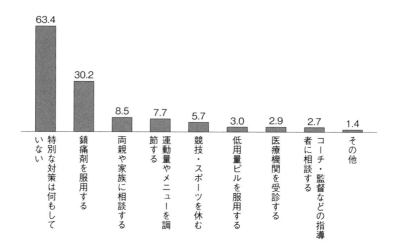

図11　月経について女子学生アスリートが行っている対策
（1252プロジェクト，運動部学生におけるスポーツ×月経実態調査，2021）

　月経とスポーツのコンディションの関連を半数以上が実感しているにもかかわらず、多くの学生が何の対策もしていないということ、また、周囲の大人や指導者、医療機関に相談できている学生は少数派であることが浮き彫りになりました。
　一人ひとり異なる月経と身体のコンディションを本人が把握できるようになるための教育や、周囲の大人に相談しやすい状態をつくることも、女子アスリートを指導する上で重要な環境づくりにつながると考えられます。

自分の身体を知る——スポーツの
「入り口」で知識を得る重要さ

オリンピアンとしても偉大な記録を残された橋本聖子さん。一方では病気やケガと向き合い、スポーツと女性の身体についての変化の歴史をたどる歩みがありました。対談前半となる本項では廣瀬俊朗と、女子アスリートが生理についての知識を得ることの重要性について語ります。

橋本聖子
元東京オリンピック・パラリンピック競技大
会担当大臣

廣瀬俊朗
元ラグビー日本代表／一般社団法人スポーツを
止めるな共同代表

華やかな記録の裏側で
病気、ケガ、身体の変化と向き合う日々

——聖子さんの現役時代は病気やケガとずっと向き合っていらっしゃいました。

橋本 実際には競技者になるずっと前からでした。小学３年生で慢性腎炎と診断されたために、登校しても体育の授業や運動会は出られず、入院も含め約２年間の療養生活を送りました。

　その中で腎臓病特有の塩分量への注意や水分摂取など、小学生ながら厳しい食事制限に取り組まなくてはなりませんでした。特別な体験でしたが、後の競技生活にはプラスになったのかもしれません。

廣瀬 レジェンドとしての聖子さんの、強じんなイメージとは全く違いました。小学生で「食と向き合う」なんて自分が子どもの頃には考えもしませんでした。

——身体の変化については？

橋本 私は中１で初経を迎えました。腎臓病では医師から食事制限や指導を受けるのに、毎月経験する生理については保健の先生に聞くくらいで、自分から周囲には言えませんでしたし、誰とも話した記憶はありません。生理はもちろん病気ではありませんが、日常生活でも、スポーツでも、身体の変化とどう向き合えば良いのか、最初に知識を得るための環境づくりは大事だと思います。

廣瀬 知識を得るのがとても大切で、自分のような父親や男性指導者に子どもたちが直接相談する機会がなくても、僕らが学んでいるかどうかが重要です。知識があれば構えなくても娘や妻とも話せますし、スポーツからの取り組みで社会やビジネス、もちろん家庭内でも垣根がなくなるきっかけをつくれたらなと、活動をしています。

橋本聖子
オリンピックの夏冬計７回出場は
日本最多記録

橋本　私はスポーツと女性の身体について、進化の歴史を体験してきました。中3の冬にオリンピック（1980年米・レークプラシッド）があり、次の五輪を目指して自分が国際大会に出場できるようになって初めて、世界のスポーツ界は日本と全く違う環境にあると知りました。

　海外にはナショナルトレーニングセンターがありチームドクターがどんな大会にも帯同し、女性のドクターも必ずいますし、そもそもベースとなる知識が違いましたね。日本は女性の身体と競技をどう考えるか以前に、栄養管理もすべて個人でやっていましたので、どうにかして科学的なトレーニングの導入を、と願ってもどうにもできなかった。海外遠征や試合に行くと、国内にいるよりも充実したケアやアドバイスをもらえるという歯がゆい時代でした。

廣瀬　ラグビーも海外に比べると遅れていましたが、海外のヘッドコーチたちが来るようになり、エディ（ジョーンズ、元日本代表監督）もそうですし、数値を出してロジカル（理論的）にトレーニングをしてチームが強くなってきた。そういう変化を僕たちも知ることができました。

スポーツにおける
女性の身体とコンディショニングの関係

――聖子さんが女性の身体と競技をメディカル的な視点で考える転機はありましたか？

廣瀬俊朗
ラグビー日本代表主将としてW杯
での好戦績を牽引

橋本　スピードスケートと自転車の2つの競技を本格的に始めた頃です。今なら「二刀流」と呼ばれる挑戦でした。筋肉量を増やそうとするあまり、体脂肪率が7％から8％と、女性にとって必要な脂肪が極端に減っていました。

　夏は自転車、冬はスケートと両方を目指したためオンとオフがなくなり、結果、体脂肪もずっと10％を切った状態で無月経になっていたんです。

そのためホルモンの減少による骨折を何度もしています。

　1988年は冬のカルガリー（冬季五輪）と夏のソウルで自転車、92年もアルベールビルとバルセロナと、当時は夏と冬の五輪が同年に開催されていましたので、オンとオンのまま身体に大きなダメージを与えてしまった。無月経が女性の身体、コンディションに及ぼす影響に十分な対処ができませんでした。

廣瀬　夏と冬7回の五輪出場を誇るオリンピアンが払った代償を、こうして直接伺い胸が痛みます。強い人だ、とかタフな選手だ、と華やかな競技面だけを見ていた気がします。

　聖子さんのように、メダルを狙う女性トップアスリートが抱えるリスクは大きいですが、レベルは違っても部活や地域でのクラブ活動でも同じく、無月経や骨折は起きる問題ですね。

（特別収録②に続く）

司会・構成・文／スポーツライター・増島みどり

女子アスリートの身体を
正しく知る①
―医学―

「生理が止まったら一人前」と指導者に言われた時代があった、

と多くの女子アスリートが口にします。

医学の世界では、無月経の原因である利用可能エネルギー不足は

パフォーマンスの低下の原因になるだけでなく、

生涯の健康に影響する可能性がある問題です。

この章では、月経のメカニズムや、

無月経をはじめとした女子アスリートの健康問題など、

女子アスリートを指導する上で留意すべき、

正しい医学的知識を学びます。

月経と女性ホルモンの基礎

| 学習のポイント |

● 初経の発来や月経周期、女性ホルモンの基礎について学ぶ。

1 初経の発来

　身体的に未熟な小児期から性的に成熟した成熟期への移行期間を思春期といいます。日本では8～9歳頃から17～18歳頃までとされており、この時期は身長の増加だけでなく性機能の発現が特徴となります。性機能の発現の一つとして月経がありますが、初めて月経が発来することを「初経」といいます。初経発来の機序は明確にはわかっていませんが、人種・社会環境・生活環境・栄養状態によって異なることが知られています。日本人の初経年齢の平均は12歳頃です。初経を経て月経周期が順調になっていくことで思春期が終了します。

2 月経のメカニズム

　月経とは「約1カ月の間隔で起こり、限られた日数で自然に止まる子宮内膜からの周期的出血」と定義されます。

　月経がどのようにして起こるか、**図1～3**を参考に学びましょう。

①脳の視床下部から性腺刺激ホルモン放出ホルモン（GnRH）が分泌されます。

②GnRHの刺激により脳の下垂体から、卵胞刺激ホルモン（FSH）が分泌されます。

③FSHにより刺激された卵巣では卵胞が少しずつ発育し、この卵胞からエストロゲンが分泌されます。

④エストロゲンの作用により子宮内膜が厚くなります〔増殖期〕。

⑤卵胞が18〜20mm大まで成長し、卵胞から分泌されるエストロゲン値がピークに達すると、下垂体から排卵を促す黄体化ホルモン（LH）の分泌が高まり、卵胞から卵子が排出されます。これが「排卵」です。

⑥排卵後の卵胞は黄体となり、この黄体からプロゲステロンが分泌されます。このプロゲステロンは妊娠の準備をするためのホルモンです。

⑦エストロゲンやプロゲステロンの働きで、子宮内膜は受精卵が着床しやすい状態になります〔分泌期〕。

⑧妊娠が成立すれば黄体からプロゲステロンが分泌され続けますが、妊娠が成立しない場合は、黄体は２週間の寿命しかないため白体へ変化していきます。

⑨黄体が白体に変化するとともに、プロゲステロンは減少していきます。このため、子宮内膜も厚くなった状態を維持できずにはがれ落ち、腟から排出されます。これが「月経」です。

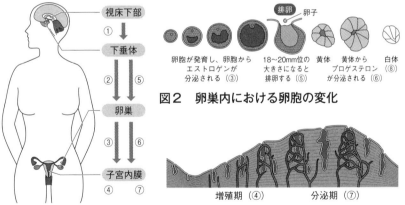

図１　月経のメカニズム

図２　卵巣内における卵胞の変化

卵胞が発育し、卵胞からエストロゲンが分泌される（③）

18〜20mm位の大きさになると排卵する（⑤）

黄体

黄体からプロゲステロンが分泌される（⑥）

白体（⑧）

増殖期（④）　　分泌期（⑦）

図３　子宮内膜の変化

（東京大学医学部附属病院　女性診療科・産科，Conditioning Guide for Female Athletes 1，2，改定第２版第二刷，2023）

3 女性ホルモンの働き

　女性のホルモンとして重要なのが「エストロゲン」と「プロゲステロン」です。これらのホルモンの変動により、精神的・身体的に様々な変化が起こります。エストロゲンやプロゲステロンは月経のメカニズムの項にあったように下垂体からの刺激により主に卵巣から分泌され、月経周期において**図4〜5**のように分泌量が劇的に変化します。エストロゲンとプロゲステロンの働きを**図6**に示します。月経周期の中での女性ホルモンの変動は、アスリートのコンディションに影響を与えることがあります。

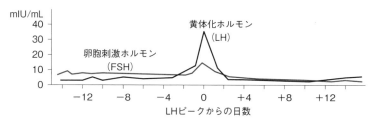

図4　下垂体から分泌されるホルモンの変化

（東京大学医学部附属病院　女性診療科・産科，Conditioning Guide for Female Athletes 1，2，改定第2版第二刷，2023）

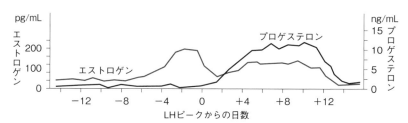

図5　卵巣から分泌されるホルモンの変化

（東京大学医学部附属病院　女性診療科・産科，Conditioning Guide for Female Athletes 1，2，改定第2版第二刷，2023）

《エストロゲンの働き》女性らしさを出すホルモン

1. 子宮内膜を厚くする、子宮を発育させる
2. 骨を強くする
3. 水分をためる→むくむ
4. 血管をやわらかくし、血圧を下げる
5. 排卵期に粘稠・透明なおりものを分泌させる
6. コレステロール、中性脂肪を下げる
7. 乳腺を発育させる
8. 腟粘膜や皮膚にハリ、潤いを与える
9. 気分を明るくする
10. 自律神経の働きを調節する　など

《プロゲステロンの働き》妊娠を維持するためのホルモン

1. 子宮内膜を妊娠しやすい状態に維持する
2. 基礎体温を上げる
3. 眠気をひき起こす
4. 水分をためる→むくむ
5. 腸の動きをおさえる
6. 妊娠に備え乳腺を発達させる
7. 雑菌が入りにくいおりものにする
8. 食欲を亢進させる　など

図6　エストロゲンとプロゲステロンの働き

(東京大学医学部附属病院　女性診療科・産科，Conditioning Guide for Female Athletes 1，2，改定第2版第二刷，2023)

4 正常月経について

　婦人科受診の際に必ず聞かれる項目として「最終月経」と「月経周期」があります。最終月経とは「直近の月経が始まった日」のことです。月経周期とは「月経の1日目から次回月経開始前日までの日数」です。正常月経と月経異常について**表1**に示します。自分の月経についてきちんと計算できているか確認することも必要です。

表1　正常月経と月経異常

初経	平均年齢（一般女性）	12.3歳
	平均年齢（トップアスリート）	12.9歳
	初経遅延	15歳以上18歳未満で初経発来がないもの
	遅発月経	15歳以上18歳未満で初経がきたもの
	原発性無月経	18歳になっても初経がきていないもの
月経周期	正常	25〜38日
	希発月経	39日以上
	頻発月経	24日以下
	続発性無月経	これまできていた月経が、3カ月以上止まっている状態
月経期間	正常	3〜7日
	過長月経	8日以上
経血量	過少月経	極端に少ない 例・経血が付着する程度 　・多い日でも1日ナプキン1枚でたりる
	過多月経	量が多い 例・レバー状の血の塊がでる 　・夜用ナプキンを1〜2時間毎に交換する 　・3日以上夜用ナプキンを使用する 　・タンポンとナプキンの併用が必要

（東京大学医学部附属病院　女性診療科・産科，Conditioning Guide for Female Athletes 1，2，改定第2版第二刷，2023）

5 基礎体温

　女性ホルモンの働きの項で学んだようにプロゲステロンには深部体温を上昇させる働きがあります。そのため基礎体温を測ることで自分の卵巣から排卵がおきているかを予測できます。**図7**左図のように、きちんと排卵されている女性では低温期と高温期がみられますが、排卵がない女性では**図7**右図のように低温期のみの一相性の体温を示します。また、アスリートでは月経周期とコンディションの関連を確認することが重要となるため、自分の身体

を知る意味でも基礎体温の測定を習慣にすることが推奨されます。測定には
婦人体温計を用います。

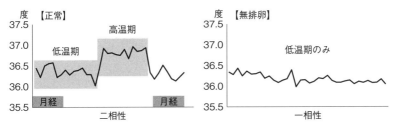

図7　基礎体温の変化
（東京大学医学部附属病院　女性診療科・産科，Conditioning Guide for Female Athletes 1，2，
改定第2版第二刷，2023）

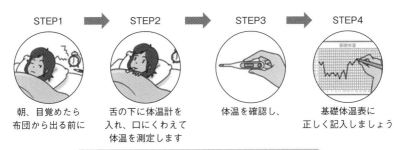

図8　基礎体温の測り方
（東京大学医学部附属病院　女性診療科・産科，Conditioning Guide for Female Athletes 1，2，
改定第2版第二刷，2023）

> **婦人体温計の特徴**
>
> ・基礎体温を測定するための体温計
>
> ・少数点以下第2位まで測定できる
>
> ・舌下で測定する

02 生理用品・スポーツブラ

●経血量や競技特性に合わせて適切な生理用品を活用する。

1 生理用品

　近年、生理用品の選択肢が増えてきました（**図9**）。それぞれの特徴を知り、自分に合った生理用品を活用しましょう。経血量が多く生理用品を多用しなければならない状況であれば、子宮の疾患や貧血などの可能性がありますので、婦人科で診察を受けましょう。

（1）紙ナプキン

　紙ナプキンは最も一般的に使われている生理用品で、様々な大きさや素材のものがあり、種類が豊富であることが特徴です。経血量や肌質などに合わせて選択することができます。ズレに強いスポーツタイプのナプキンも販売されています。不意な出血に備えて一つは携帯しておくとよいでしょう。

（2）布ナプキン

　肌への負担が比較的軽く、洗濯して繰り返し使用することが可能です。

（3）吸水ショーツ

　ショーツ自体が吸水素材でできています。吸収力の高いものだと、1枚で75ml相当を吸収できるものもあります（通常の経血量は1周期で20〜140ml）。紙ナプキンやタンポンと組み合わせて使用することも可能です。

洗濯して繰り返し使用することができます。

（4）タンポン

　腟内に挿入して使用します。比較的多くの経血を吸収できます。ナプキンだと外見に影響が出る場合、水泳などでナプキンが使えない場合、過多月経のある場合などに使用されています。性交渉の経験のない人も使用できます。

　挿入する姿勢、方向などにコツがあるので、販売メーカーの動画などで確認しましょう。まれですが、長期間の挿入で重篤な感染症を引き起こすことがあるので、清潔な手で挿入し交換時間を守って使用します（通常6〜8時間以内）。

（5）月経カップ

　腟に挿入し経血を溜めるカップです。比較的多くの血液を溜めることができるため、経血量の多い場合や長時間ナプキンを交換することが難しい場合には特に便利です。消毒して繰り返し使用できます。タンポンと同様、まれに重篤な感染症のリスクがありますので、交換時間を必ず守るようにしましょう（通常4〜8時間程度）。

紙ナプキン
・種類・サイズが豊富
・廃棄が簡便

タンポン
・腟内に挿入し、経血を吸収
・水泳中等でも使用できる

布ナプキン
・肌への負担が少なめ
・繰り返し使える
・洗濯が必要

月経カップ
・腟内に挿入し、経血を溜める
・腟内に比較的長時間留置可能
・洗って繰り返し使用できる

前　　後
吸収素材　吸収素材

吸水ショーツ
・ショーツが直接吸水できる
・製品によっては75ml吸水できるものもある
・肌への負担が比較的少ない
・繰り返し使えるが洗濯が必要

※いずれも適切なタイミングで交換することが重要
※薬機法上、布ナプキンと吸水ショーツは一部を除いて「雑品」として扱われ、「生理用品」と区別されています。

図9　生理用品の種類

2 スポーツブラ

　運動中の胸の揺れや痛みがパフォーマンスに影響することがあります。スポーツブラは、胸の揺れを抑え、胸部をサポートすることができる下着です。スポーツブラを着用すると、競技中の胸の不快感を減らすことができます。さらに、疲労の軽減に関与したり、体幹・骨盤・下肢などにも影響し、パフォーマンスの向上につながるという報告があります[1]。

　サポート強度や素材には様々なものがありますので、競技や動きに合わせて、適切なものを選びましょう。シューズを選ぶのと同じように、自分に合ったスポーツブラを選んで活用しましょう。

03 女子アスリートの無月経と健康問題

| 学習のポイント |

● 代表的な女子アスリートの健康問題として無月経がある。

● 無月経はパフォーマンスや生涯の健康に影響する可能性があり、早期に適切に対応するようにする。

1 「女性アスリートの三主徴」と 「スポーツにおける相対的エネルギー不足」とは

（1）女性アスリートの三主徴

アスリートは、運動によるエネルギー消費量に対し、食事からのエネルギー摂取量が不足し、「利用可能エネルギー不足（LEA）」になることがあります。利用可能エネルギーとは「総エネルギー摂取量から運動によるエネルギー消費量を差し引いたエネルギー」を指し、生体機能を維持するために利用できるエネルギーです。

LEAになると、脳からの黄体化ホルモン（LH）の律動的分泌が抑制され、「視床下部性無月経」になります。長期間視床下部性無月経になると骨量の維持や増加にも関わる卵巣からのエストロゲンの分泌が抑制され、「骨粗鬆症」のリスクが高まります。このLEA、視床下部性無月経、骨粗鬆症を「女性アスリートの三主徴」といいます（**図10**）。

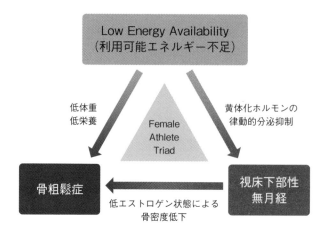

図10　女性アスリートの三主徴
(Mallinson J *et al.*, Int J Womens Health, 6 , 451-467, 2014)

（2）スポーツにおける相対的エネルギー不足

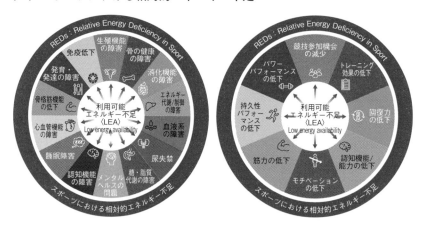

図11　スポーツにおける相対的エネルギー不足（REDs）
(Mountjoy M *et al.*, Br J Sports Med, 57, 1073-1097, 2023)
(東京大学医学部附属病院　女性診療科・産科，Conditioning Guide for Female Athletes 1, 改定第2版, 2023)

2014年に国際オリンピック委員会は「スポーツにおける相対的エネルギー不足（REDs）」（**図11**）を提唱しました。問題となるLEAの状態は月経や骨だけでなく、代謝、内分泌、精神面、発育・発達、免疫、心血管系など全身の様々なところに悪影響をおよぼすという概念で、**男女を問わず全てのアスリートに起こりうる問題であり、また結果的にパフォーマンスを低下に**つながります。具体的には、競技参加機会の減少、持久性パフォーマンスの低下、トレーニング効果の低下などの可能性があります。

　女性アスリートの三主徴と同様に、REDsもLEAに対して警鐘をならした概念です。このように、**女子アスリートの場合、「無月経はLEAのサイン」**と捉える必要があります。

（3）無月経の問題点

　妊娠・出産・授乳などには多くのエネルギーを要しますが、LEAの状態では今現在の生体の機能を維持することが優先され、子孫を残すための「排卵」は抑制されます。その結果、無月経となります。このとき、卵巣に指令を出す脳からのホルモン（LH・FSH）や、卵巣から分泌されるエストロゲンは抑制されています。エストロゲンは子宮や乳房といった女性特有の部位だけでなく、骨、筋肉、心臓、血管、脳、皮膚など様々な部位に作用しており（**図12**）、長期間の低エストロゲン状態は全身の生理機能に影響を与える可能性があります（**表2**）。また、エストロゲンは脂質代謝を調節しているため、無月経の状態ではコレステロールの上昇など、脂質代謝異常が引き起こされることがあります。

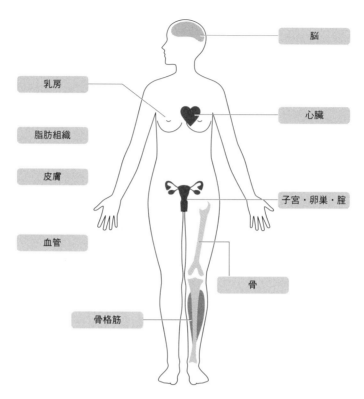

図12 エストロゲンが作用する臓器、器官
（Morselli E *et al.*, Nat Rev Endocrinol, 13（6）, 352-364, 2017より改変）

表2 低エストロゲン状態の問題点

子宮	子宮発育不全・不妊
骨	骨粗鬆症のリスク上昇
脳	うつ傾向のリスク上昇
心臓・血管	血管内皮機能低下
筋肉	トレーニング効果の減少
脂質	コレステロールの上昇など

（４）骨粗鬆症の問題点

　通常、女性は20歳頃に最大骨量を獲得し、その後徐々に骨量は低下し、閉経後に急激に低下します（**図13**）。10代で適切な体重やエストロゲンの分泌が長期間低いまま20歳を迎えると、最大骨量が低い値にとどまり、骨量が低い状態で生涯を過ごすことになります。若年アスリートの低骨密度や骨粗鬆症に対する薬物療法は確立していませんので、**10代から低体重や無月経を予防し、最大骨量を高めておくことが重要です。**また、低骨密度は疲労骨折のリスクを高めることが明らかになっており、10代の女子アスリートで低骨密度を認めると、疲労骨折のリスクが４〜５倍高まることが報告されています[2]。

20歳頃：最大骨量獲得時期

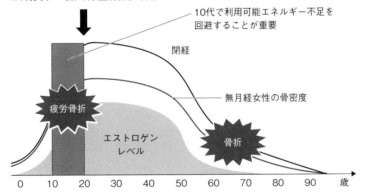

10代で利用可能エネルギー不足を
回避することが重要

閉経

無月経女性の骨密度

疲労骨折

エストロゲン
レベル

骨折

0　10　20　30　40　50　60　70　80　90　歳

図13　女性の骨量の経年変化
（骨粗鬆症の予防と治療ガイドライン，2011年度版，8，図5 より一部改変）

2　女性アスリートの三主徴の診断

（１）女性アスリートの三主徴のスクリーニング

　アスリート自身や指導者、養護教諭などによるスクリーニングとして、アメリカスポーツ医学会のスクリーニング項目（**表３**）を参考に月経、食事、骨に関することなどを確認するとよいでしょう。

表3　スクリーニング項目

質問事項	チェック欄
月経は規則的にきていますか？	
何歳で初経がきましたか？	
直近の月経（最終月経）はいつですか？	
最近12カ月間で何回月経がありましたか？	
ホルモン製剤を服用していますか？（低用量ピルなど）	
今、体重が気になりますか？	
誰かに減量を勧められていますか？	
特別な減量方法を実施していますか？ もしくはいくつかの食べない食品や食品グループがありますか？	
摂食障害になったことがありますか？	
疲労骨折を起こしたことがありますか？	
骨密度が低いといわれたことがありますか？	

※女性アスリートの三主徴に関する共同声明では競技スポーツ開始前の評価としてこれらのスクリーニング質問項目を推奨しています。

（De Souza MJ, et al., Br J Sports Med, 48, 289, 2014）

（2）LEAの診断

　LEAは「1日の利用可能エネルギーが除脂肪量1kgあたり30Kcal未満」と定義されていますが、日々のエネルギー消費量とエネルギー摂取量を正確に評価することは専門家でも難しいのが現状です。全てのアスリートのLEAをスクリーニングできる指標ではありませんが、現実的な指標としては以下のように体重での評価が参考になります。

【利用可能エネルギー不足のスクリーニング】

・成人…体格指数（BMI）17.5以下

・思春期…標準体重の85%以下

・1カ月の体重減少が10%以上

（3）無月経の診断

　LEAによって無月経に至るパターンは以下の**図14**の①〜③のように3つあります。

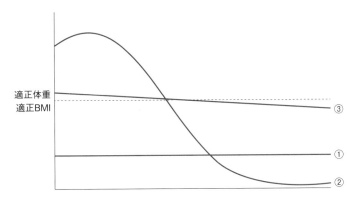

適正体重
適正BMI

③
①
②

図14　無月経に至るパターン
（東京大学医学部附属病院　女性診療科・産科，Conditioning Guide for Female Athletes 1，改定第2版第二刷，2023）

①慢性的な低体重

②短期間の極端な体重減少

③体重に大きな変化はないが、急激なトレーニング頻度・強度の増加

　③のように低体重や体重減少がない場合にも、トレーニングによるエネルギー消費量が増えることで無月経となることがある点に留意しましょう。

　また、LEA以外で無月経となる場合もあるため、**15歳になっても初経がない場合、無月経が3カ月以上続く場合には婦人科を受診して、無月経の原因を調べてもらいましょう**（**図15**）（p.59「LEA以外の無月経の原因と治療」参照）。

　卵胞刺激ホルモン（FSH）、黄体化ホルモン（LH）値が共に低い場合にはLEAによる無月経の可能性が高くなります。また、各ホルモンの特徴は**表4**の通りです。

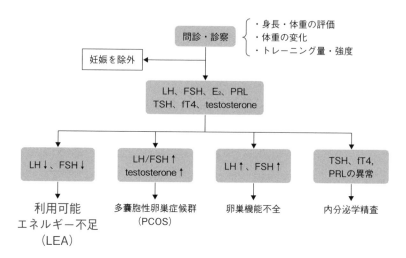

図15　利用可能エネルギー不足による無月経診断の流れ
（De Souza MJ, et al., Br J Sports Med, 48:289, 2014, Nose-Ogura, JOGR, 1007-1014, 2018）

表4　各ホルモンの名称と特徴

	正式名称	日本語	分泌臓器	特徴
LH	luteinizing hormone	黄体化ホルモン	下垂体	利用可能エネルギーと相関があることが知られている
FSH	follicle stimulating hormone	卵胞刺激ホルモン	下垂体	一般的に、更年期以降に上昇する
E₂	estradiol	エストラジオール	卵巣	利用可能エネルギー不足の状態では低下する
PRL	prolactin	プロラクチン	下垂体	乳汁分泌を促すホルモン。高値の場合、排卵障害を起こす可能性がある
TSH	thyroid stimulating hormone	甲状腺刺激ホルモン	下垂体	甲状腺に指令を出すホルモン
fT4	free T4 (thyroxine)	サイロキシン	甲状腺	高値でも低値でも排卵障害を起こす可能性がある
testosterone	testosterone	テストステロン	副腎・卵巣（女性の場合）	多嚢胞性卵巣症候群（PCOS）で高値となることがある

（4）低骨密度・骨粗鬆症の診断

　無月経の若年アスリートにおいても骨密度が低いことがあるため、10代から低骨密度・骨粗鬆症を評価することは、競技生活中の障害予防や生涯にわたる健康を守る上で重要です。

　女性アスリートのヘルスケアに関する管理指針[3]では、下記2項目に当てはまるアスリートで骨密度の測定を考慮するとしています。

《骨密度の測定を考慮するアスリート》

①摂食障害（DSM-5の診断基準を満たす）

②BMI低値（成人ではBMI17.5以下、思春期では標準体重の85％以下）

③初経の遅れ

④無月経/希発月経

⑤骨密度低下の既往あるいは2回以上の疲労骨折の既往

　日本にはアスリートの骨粗鬆症の診断基準はないため、診断の際は、アメリカスポーツ医学会の指針を参考にしています[4]。二重エネルギーエックス線吸収測定法（DXA法）を用いて評価し、20歳未満と20歳以上で骨密度の測定部位や診断基準が異なる点に留意する必要があります。また、閉経女性の骨密度評価では一般的に20〜44歳の健康女性の骨密度を100％とした指標（YAM値）を用いますが、**最大骨量獲得前である10代のアスリートでは同年齢との比較であるZ-scoreを用いて評価しています。**

20歳未満

↓

腰椎または頭部を除く全身

低骨密度 Z-score＜－1.0

骨粗鬆症 Z-score＜－1.0＋下記の1個以上の骨折の既往がある

・下肢の長管骨の骨折
・椎体圧迫骨折
・上肢の2カ所以上の長管骨骨折

20歳以上

↓

荷重部位のいずれかの測定が難しい場合、非荷重部位を測定
荷重部位：腰椎、大腿骨
非荷重部位：橈骨遠位端1/3

低骨密度 Z-score＜－1.0

骨粗鬆症 Z-score＜－2.0＋続発性骨粗鬆症を呈する原因がある

【アメリカスポーツ医学会の骨密度診断指針】

（De Souza MJ, et al., Br J Sports Med, 48: 289, 2014より改変）

3 ▶ LEAに伴う無月経の治療

（1）栄養療法

　LEAに伴う無月経や骨粗鬆症の治療で最も大切なことは「エネルギーバランスを改善する」ことです。すなわち、エネルギー摂取量（食事量）を増やすことかつエネルギー消費量（運動量）を減らすことが重要で、**薬物療法は第一選択とはなりません**。実際、体重増加と月経の回復により骨密度が1～26%改善することが報告されています[5]。具体的な栄養療法については第4章「LEAの予防と改善のための食事指導」を参照してください。

（2）**薬物療法**

　栄養療法が最も重要な治療ではありますが、「LEAを改善しても、黄体化

ホルモン（LH）値の改善や月経の再開がないアスリート」や、「低骨密度または骨粗鬆症のアスリート」ではエストロゲン療法や活性型ビタミンＤ製剤などを考慮することがあります。エストロゲン療法の目的は必ずしも「月経を起こすこと（子宮から出血を起こすこと）」ではなく、低エストロゲン状態による骨・心血管系・免疫系・精神面などへの悪影響の回避です。

　ただし、女子アスリートの骨粗鬆症に対して未だコンセンサスが得られた治療法はなく、エストロゲン療法や活性型ビタミンＤ製剤の有効性を示す報告はありますが、確立した治療法となってはいません。**エストロゲン療法中も、最も大切な治療であるエネルギーバランスの改善を継続することが重要です。**また、一般的に骨粗鬆症に使用されている薬物は若年女性への安全性やアンチ・ドーピングの観点から使用できないものが多いのが現状です。さらに、LEAによる無月経に対する経口避妊薬・低用量エストロゲン・プロゲスチン配合薬（OC・LEP）（LEPは一般的に低用量ピルと呼ばれている。p.68参照）は国際オリンピック委員会の指針では推奨されていません。これは、OC・LEPを使用すると自然月経の再開が評価できなくなること、骨密度に対してはOC・LEPよりも、経皮吸収型エストラジオール製剤の方が効果が高い可能性があることなどが理由です。

4 LEA以外の無月経の原因と治療

　女子アスリートの場合、LEAによる無月経の頻度が高い現状にありますが、その他に多嚢胞性卵巣症候群（PCOS）、甲状腺機能異常、高プロラクチン血症などが無月経や月経不順の原因となります。また、15歳以上で初経が初来していない初経遅延や18歳以上で初経が初来していない原発性無月経では先天性の子宮卵巣奇形などの鑑別も必要です。

　子宮・卵巣の超音波検査や血液検査などで無月経の原因を検索しますが、複数回の血液検査が必要となることもあります。原因によって治療法が異なるため、専門家による診断を受けることが重要です。次のような場合には婦

人科を受診するようにしましょう。

〈婦人科受診の目安〉
・15歳になっても初経がない
・これまであった月経が３カ月以上停止している
・１カ月に３回以上出血がある

（１）多嚢胞性卵巣症候群（PCOS）

　卵巣には数十万個の卵子がありますが、脳からの刺激を受けて通常毎月一つの卵胞が育ち、排卵に至ります。しかし、PCOSでは一つの卵胞が選択されづらいために排卵障害が起こり、月経不順や無月経となります（**図16**）。

超音波やMRIでみると、卵巣に多数の小嚢胞があります。原因は明らかではありませんが、視床下部-下垂体-卵巣系のホルモン分泌異常に副腎系や糖代謝などが複雑に関与していると考えられています。そのため、肥満、多毛、にきび、低音声などの徴候がみられることもあります。排卵障害によってエストロゲンのみが子宮内膜に作用し、月経が長期間起こらないと（子宮内膜が剥がれないと）、**不正出血や子宮内膜増殖症、子宮体癌のリスクが上昇する**ことから、１～３カ月ごとにホルモン製剤を用いて月経を起こすことが大切です。

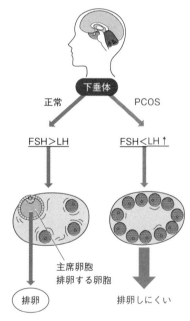

図16　PCOSの病態
（東京大学医学部附属病院　女性診療科・産科，Conditioning Guide for Female Athletes　1，改定第２版第二刷，2023）

（2）甲状腺機能異常

　甲状腺はのどにある蝶のようなかたちをした器官です。甲状腺から分泌される甲状腺ホルモンは全身の新陳代謝などに関わる重要なホルモンです。甲状腺ホルモンが不足しても過剰でも月経不順や無月経になることがあります。甲状腺機能異常がある際は、甲状腺の治療を行います。ただし、LEAが原因で無月経となった場合に、甲状腺ホルモンに異常がみられることがあります。この場合は、LEAの治療を行っていきます。

（3）高プロラクチン血症

　乳汁分泌に関わるプロラクチンというホルモンの血液中の値が高いと無月経や月経不順になることがあります。高プロラクチン血症の原因として下垂体腺腫や薬剤の副作用などがあります。治療方法は原因に応じて様々です。服用している薬剤が原因の場合には薬剤を変更することで改善することがありますので、主治医と相談しましょう。

04

月経困難症

| 学習のポイント |

● 月経困難症の原因と治療法について学ぶ。

　月経困難症とは、月経に随伴して起こる病的状態で日常生活に支障をきたすものと定義され、症状は下腹部痛、腰痛、骨盤痛、頭痛、全身倦怠感など多岐にわたり、頻度の高い疾患です。

　月経困難症は、子宮や卵巣の婦人科疾患により引き起こされる**器質性月経困難症**と、疾患によらない**機能性月経困難症**とに分類されます。器質性月経困難症は、20～40代の女性に多くみられ、子宮内膜症や子宮筋腫、子宮腺筋症などの良性の婦人科疾患に起因するものが多くを占めます（**図17**）。一方、機能性月経困難症は、初経後1～2年後からの比較的若年層で起こることが多く、月経血排出時に子宮内膜から分泌されるプロスタグランジン（PG）が子宮を過収縮させることが主な原因と考えられています（**図18**）。

　月経困難症を認める場合はまず、上記の器質性疾患の有無についての評価、婦人科での診察が必要です。

　内診・超音波・MRI等で検査を行い、器質的疾患を認めた場合は、疾患に応じた治療（非ステロイド性消炎鎮痛剤（NSAIDs）、低用量ピル（LEP）や黄体ホルモン療法、手術療法など）が考慮されます。

　器質性疾患が認められない場合は機能性月経困難症と診断され、NSAIDsやLEP、黄体ホルモン製剤などが有効な治療薬となります。LEPや黄体ホルモン製剤はともにドーピング禁止物質を含んでいないため、禁忌となる疾患やアレルギーがなければ、アスリートにも使用できる薬剤です。

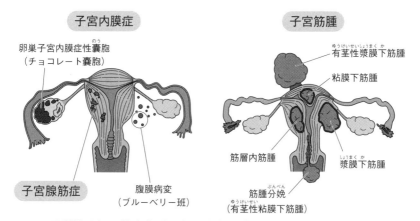

図17　器質性月経困難症を引き起こす主な疾患

（東京大学医学部附属病院　女性診療科・産科，Conditioning Guide for Female Athletes 2，改定第2版第二刷，2023）

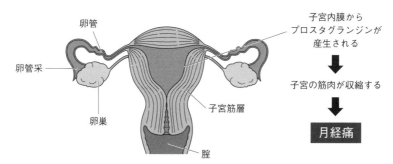

図18　機能性月経困難症が起こる仕組み

（東京大学医学部附属病院　女性診療科・産科，Conditioning Guide for Female Athletes 2，改定第2版第二刷，2023）

05

月経前症候群（PMS）

| 学習のポイント |

- 月経前に様々な身体的、精神的症状がでる疾患がある。
- パフォーマンスに影響がある場合には婦人科で相談する。

1 月経前症候群（PMS）

　月経の始まる3～10日前から出現し、月経が始まると消失または軽減する身体的、精神的症状のことを「月経前症候群（PMS)」といいます。

《月経前症候群の主な症状》

【精神的症状】

　イライラ、怒りっぽくなる、落ち着きがない、憂うつになる など

【身体的症状】

　下腹部膨満感、下腹部痛、腰痛、頭重感、頭痛、乳房痛、のぼせ など

　原因の詳細は明らかではありませんが、排卵後に卵巣から分泌される黄体ホルモンの代謝物（Allopregnanolone）に対するGABA-Aレセプター、セロトニン作動性ニューロンの感受性との関連が報告されています。

　日本のトップアスリートの調査では70.3%に月経前症候群がみられ、最も多い症状は体重増加や精神不安定（イライラ）でした[6]。

2 月経前不快気分障害（PMDD）

　月経前に、抑うつ、不安、イライラ、情緒不安定などの症状や、活動に対する意欲の減退、集中力の低下などの症状が特に強くでることがあります。それらが日常生活に支障をきたす場合を「月経前不快気分障害（PMDD）」といいます。日本でのある調査では、PMDDの頻度は1.2％と報告されています[7]。PMDDにより、月経前だけ練習に行きたくない、外出したくない、というアスリートもいます。

　治療にはOC・LEPや抗うつ薬などが用いられます（ただし、LEPの保険適用は月経困難症のみです）。また、ストレスの軽減や十分な睡眠も重要です。

　まずは月経管理アプリ等を活用して月経周期と気になる症状を記録してみましょう。自分の月経周期と日々の気分や症状を記録することで、自身のコンディションと月経周期との関連を把握することができます。

> 《注意》アンチ・ドーピングの観点から、アスリートは漢方薬や利尿薬
> 　　　　は使用できません
> 　一般的には月経困難症や月経前症候群に対して漢方薬が使われることがあります。また、月経前におこる浮腫や乳房緊満感に対して利尿薬が用いられることがあります。これらはアンチ・ドーピングの観点からアスリートは服用することができませんので、注意しましょう。

06

過多月経

● 過多月経は、月経中だけの問題でなく、パフォーマンスに影響を与える貧血の原因となることがある。

● 貧血を認める場合は、過多月経の有無について確認する。

過多月経は、月経時の経血量が多いことを指し、1周期での出血量が140ml以上と定義されていますが、これを厳密に計測するのは困難です。月経血の中に500円玉くらいのレバー状の血のかたまりがある、昼間でも夜用のナプキンが必要である、または経血でナプキンが1～2時間でいっぱいになり交換が必要である、貧血症状を認める、などの自覚症状から過多月経を疑います。**表5**のような状況があれば、婦人科を受診しましょう。

過多月経の原因としては、子宮筋腫・子宮腺筋症・子宮内膜ポリープ・子宮内膜増殖症・子宮体癌などの子宮の器質的疾患、白血病・再生不良性貧血・甲状腺疾患などの内科的疾患など多岐にわたります。血液検査で貧血の状態を把握すると同時に、漫然と鉄剤の内服を継続することを避けるためにも、婦人科・内科で原因疾患の精査とそれに応じた治療が必要です。上記の器質的疾患を認めない場合は機能性過多月経と診断されます。

器質性過多月経でも機能性過多月経でも、貧血があれば治療が必要です。貧血の指標となるヘモグロビン値と最大酸素摂取量は相関するため、貧血は直接パフォーマンスの低下へつながることが知られています。

経血量を減少させる方法としては、低用量ピル（LEP）等のホルモン療法、子宮内に留置し子宮内膜増殖を抑制するレボノルゲストレル徐放剤（LNG-IUS）などがあげられます（ただしLEPの保険適用は月経困難症のみです）。

子宮筋腫や子宮内膜ポリープなどの器質性過多月経の場合には手術療法なども考慮することがあります。

表5　過多月経で婦人科を受診する目安

・経血中に500円玉くらいのレバー状の塊がでる

・昼間でも夜用のナプキンを1〜2時間ごとに交換する必要がある

・経血量が多く、タンポンとナプキンを併用する必要がある

・月経中、貧血の症状がある（めまい、動悸、立ちくらみ、息切れ、
　だるさ、パフォーマンスの低下など）がみられる

月経随伴症状の治療

│ 学習のポイント │

● 月経随伴症状の治療法を知り、医師等と相談して適切な選択ができ
るようにする。

1 痛み止め（鎮痛薬）の内服方法

　機能性月経困難症の主な原因は、プロスタグランジンによる子宮の過度な収縮と考えられています。一般的によく使われる非ステロイド性消炎鎮痛薬（NSAIDs）は、プロスタグランジンの合成を阻害することで鎮痛効果を発揮します。そのため、**痛みが出始めたらできるだけ早く服用し**、プロスタグランジンの合成を抑えると効果的です。

2 OC・LEP

　OC・LEPは、エストロゲンとプロゲスチンを含み、一般的に低用量ピルとして知られている薬剤です。OC・LEPを服用すると「身体の中にホルモンが十分にあるためこれ以上ホルモンを分泌しなくてもよい」と脳が判断し、下垂体から分泌される卵胞刺激ホルモン（FSH）と黄体化ホルモン（LH）の分泌が抑制されます。卵巣では卵胞の発育が抑えられ、卵巣から分泌される内因性のエストロゲンが減少します。この結果排卵が起こらず、排卵後に黄体から分泌されるプロゲステロンも分泌されなくなります（**図19**）。エストロゲンとプロゲステロンが減少することにより子宮内膜が薄くなり経血量が減少し、プロスタグランジンの生産量が減るため月経困難症が改善します。

月経前症候群は排卵後に卵巣から分泌されるプロゲステロンが関連している
と考えられており、OC・LEPを服用することにより、排卵が抑制されるた
めプロゲステロンが分泌されなくなるため、症状が改善します（**図20**）。

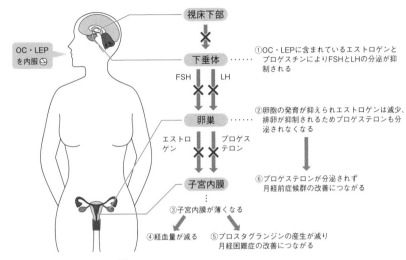

図19　OC・LEPの働き
（東京大学医学部附属病院　女性診療科・産科，Conditioning Guide for Female Athletes 2．改定
第2版第二刷，2023）

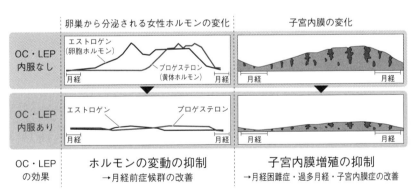

図20　OC・LEPによるホルモン変化と効果
（東京大学医学部附属病院　女性診療科・産科，Conditioning Guide for Female Athletes 2．改定
第2版第二刷，2023）

OC・LEPを服用中は月経が起こらず、休薬期間中に月経（消退出血）がみられます。副作用として不正出血、嘔気、頭痛、下腹部の痛み、乳房の張りなどがありますが、多くは1～2カ月で軽減します。頻度は高くありませんが、重大な副作用として血栓症があるため、脱水や飛行機に乗るなど長時間座った状態が続く場合には注意が必要です。また手術などの際は服用を中止しなければいけない場合もあるため、服用していることを必ず医師等に伝えることが重要です（**表6**）。

3　プロゲスチン製剤

　ジエノゲストなどのプロゲスチン単剤の製剤を用いた黄体ホルモン療法は、OC・LEPと同等の効果があるとされ、月経困難症や子宮内膜症の治療に広く使われています。OC・LEPと異なる点は、休薬期間がなく、継続して服用することで月経を起こさない点です。主な副作用は、不正出血ですが、服用開始から2～3カ月以内に改善することが多いです。また血栓症のリスクはOC・LEPに比べて低いとされ、血栓症のリスクの高いBMI高値や前兆を伴う片頭痛合併のアスリートなども服用可能です。

4　ミレーナ®（子宮内黄体ホルモン放出システム）

　避妊目的で子宮内に挿入する通称「リング」にプロゲスチン製剤が付加された製剤が、子宮内黄体ホルモン放出システムであるミレーナ®です。ミレーナ®は、子宮内に持続的にプロゲスチンを放出することにより、子宮内膜の増殖を抑え、過多月経と月経困難症を改善します。副作用としては月経日数の延長や、月経時期以外の出血（不正出血）、月経周期の変化、腹痛、卵巣嚢胞、骨盤内炎症性疾患などがあります。性交渉未経験の場合には挿入に痛みを伴い、使用が困難である場合もあります。一度挿入したら、一般的には5年間は交換不要です。副作用でOC・LEPやプロゲスチン製剤の継続服

薬が難しい場合などにも使用することができます。

表6　OC・LEP服用の慎重投与と禁忌

	慎重投与	禁忌
年齢	40歳以上	初経発来前、50歳以上または閉経後
肥満	BMI 30以上	
喫煙	喫煙者（禁忌の対象者以外）	35歳以上で1日15本以上
高血圧	軽症の高血圧症（妊娠中の高血圧の既往も含む）	重症の高血圧症
糖尿病	耐糖能の低下	血管病変を伴う糖尿病
糖質代謝異常	他に心血管疾患の危険因子（高齢、喫煙、糖尿病、高血圧など）を伴わない	他に心血管疾患の危険因子（高齢、喫煙、糖尿病、高血圧など）を伴う
妊娠		妊娠または妊娠している可能性
産後（非授乳）		産後4週以内（世界保健機関（WHO）適格基準では産後21日未満）
産後（授乳中）		授乳中（WHO適格基準では産後6カ月未満）
手術等		手術前4週以内、術後2週以内および長期安静状態
心疾患	心臓弁膜症、心疾患	肺高血圧症または心房細動を合併する心臓弁膜症、亜急性細菌性心内膜炎の既往のある心臓弁膜症
肝臓・胆嚢疾患	肝障害、肝腫瘍、胆石症	重篤な肝障害、肝腫瘍
片頭痛	前兆を伴わない片頭痛	前兆（閃輝暗点、星形閃光等）を伴う片頭痛
乳腺疾患	乳癌の既往、乳癌の家族歴、BRCA1/BRCA2変異など、診断未確定の乳房腫瘤	乳癌患者
血栓症	血栓症の家族歴、表在性血栓性静脈炎	血栓性素因 深部静脈血栓症、血栓性静脈炎、肺塞栓症、脳血管障害、冠動脈疾患またはその既往歴、あるいは抗凝固療法中
自己免疫性疾患		抗リン脂質抗体症候群
生殖器疾患	子宮頸部上皮内腫瘍（CIN）、子宮頸癌、有症状で治療を必要とする子宮筋腫	診断の確定していない異常性器出血
その他	ポルフィリン症 テタニー てんかん 腎疾患またはその既往歴 炎症性腸疾患（クローン病、潰瘍性大腸炎）	過敏性素因 妊娠中に黄疸、持続性掻痒症または妊娠ヘルペスの既往歴

（日本産科婦人科学会/日本女性医学学会，OC・LEPガイドライン2020年度版，103，2021）

08

月経周期調節

● コンディショニングの一環として月経周期調節を行うことが可能。

1 OC・LEPを使用している場合

　OC・LEPの種類にもよりますが、もともと数シートを連続で服用をしている場合には、月経を起こしたくない時期は服用を継続し、月経（消退出血）を起こしても良い時期に休薬します。月経は休薬後2～3日で起こることが多いです。使用薬剤の既定の休薬期間（4日または7日）を守って内服を再開します。このように、重要な試合や合宿など月経がかぶらないことを希望する場合は、月経がきても良い時期に移動することができます。

　薬剤の副作用で、コンディションの低下を招く恐れがあるため、重要な大会の2～3カ月前にはOC・LEPの服用を開始し、副作用に対応できるようにしましょう。

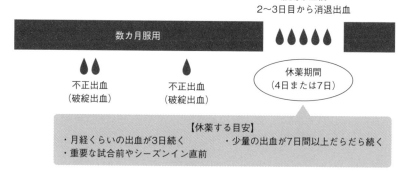

図21　OC・LEPによる月経周期調節法

2 ▸ OC・LEPを使用していない場合

　次回の月経をずらす、つまり一時的な月経周期調節時に使用する代表的な薬剤は「中用量ピル」です。OC・LEPと比較すると含有されているホルモン量が多いのが特徴です。飲み始めにだるさ、頭痛、吐き気などの副作用がでることがありますが、副作用がでるかどうかは服用してみないとわかりません。服用中は出血が起こらず、服用終了後２～３日で月経が起こります。月経を早める方法と遅らせる方法がありますが、ホルモン製剤を服用しながら大会に参加することを避けるために、アスリートでは原則「早める方法」をとります。

（1）月経を早める方法（図22）

　月経５～７日目から中用量ピルを１日１錠服用し、月経がきてほしい２～３日前まで服用します。服用終了後、２～３日目に月経がくるため、月経が終了した頃に試合を迎えることができます。

（2）月経を遅らせる方法（図23）

　図3は減量がある競技に参加している選手の例です。月経前や月経中は体重が落ちにくく、月経終了後に体重が落ちやすいと感じる選手が多いです。この場合、次回月経予定日の約１週間前から服用を開始し、月経がきてもよい日の２～３日前まで服用し、減量期に入る前に月経を終わらせることが望ましいです。月経不順などで、次回月経が予測できない場合は月経周期調節がうまくできないことがあります。

　月経をずらしたい日程の直前に受診するのではなく、ずらしたい日程の約２カ月前など余裕をもって受診しましょう。

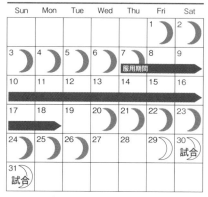

1 January

Sun	Mon	Tue	Wed	Thu	Fri	Sat
					1 🌙	2 🌙
3 🌙	4 🌙	5 🌙	6 🌙	7 🌙	8 服用期間	9
10	11	12	13	14	15	16
17	18	19	20 🌙	21 🌙	22 🌙	23 🌙
24 🌙	25 🌙	26 🌙	27	28	29 🌙	30 🌙 試合
31 🌙 試合						

🌙 自然にきた月経

🌙 次回月経予定日

🌙 薬でずらした月経
（月経がきてほしい日）

図22　次回の月経を早める方法

1 January

Sun	Mon	Tue	Wed	Thu	Fri	Sat
					1 🌙	2 🌙
3 🌙	4 🌙	5 🌙	6 🌙	7 🌙	8	9
10	11	12	13	14	15	16
17	18	19	20	21	22	23 月経予定の5～7日前から薬を服用 服用期間
24	25	26	27	28 🌙	29 🌙	30 🌙
31 🌙						

図23　次回の月経を遅らせる方法

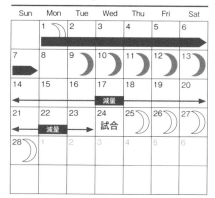

2 February

Sun	Mon	Tue	Wed	Thu	Fri	Sat
	1 🌙	2	3	4	5	6
7	8	9 🌙	10 🌙	11 🌙	12 🌙	13 🌙
14	15	16	17	18	19 減量	20
21	22 減量	23	24 試合	25 🌙	26 🌙	27 🌙
28 🌙	1	2	3	4	5	6

09

思春期の身体の変化

| 学習のポイント |

● 子どもの特徴は、常に発育（成長、発達）している[8]。乳幼児期、前思春期の成長パターンには、男女間で大きな差はない[9]。

● 二次性徴が発現する思春期の成長パターンには、男女で大きな違いがある[9]。

1　成長のパターン、ICPモデル

子どもの成長パターンを示すものに、カールバーグのICPモデル[10]（**図24**）があります。ICPとは、Infancy（乳幼児期）、Childhood（小児期→前思春期）、Puberty（思春期）の頭文字をとったものです。

三つの成分はそれぞれ特徴的な成長パターンを示します。乳幼児期の成分は急激な胎児期の成長の延長で、生後低下して3、4歳頃に終わります。前思春期の成分は1歳頃より始まり、成熟するまで続きます。思春期の成分は思春期のスパートを形成します。それらの総和が成長率（一年あたりの身長の伸び）となります。

それぞれの成分は主に、乳幼児期

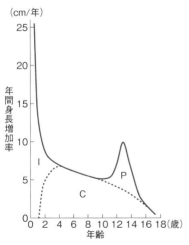

図24　身長増加曲線とICP成長モデル（男児）

（日本小児内分泌学会（編），小児内分泌学 改定第3版，診断と治療社，15-18，181-182，295-296，2022）

は栄養、前思春期は成長ホルモンと甲状腺ホルモン、思春期は性ホルモン、主に女性ホルモン（エストロゲン）の影響を受けていると考えられています。このため、思春期には男女の成長パターンに違いがみられるのです。

2 二次性徴

　思春期になると、二次性徴が出現します。女性は女性らしい、男性は男性らしい体型になっていきます。思春期の開始は、女性は乳房がTanner2度（**図25**）になったとき、男性は精巣容量が4mlになったときと定義されて

Tanner 1度（思春期前）
陰茎
陰嚢｝未発達
精巣
陰毛：なし

Tanner 1度（思春期前）
未発達で乳頭のみ突出

Tanner 2度
陰茎：ほとんど変化しない
陰嚢：肥大しはじめ、赤みを帯びる
精巣：肥大しはじめる
陰毛：まばら、長く柔らかい
　　　ややカールする

Tanner 2度
乳房がややふくらみ
乳輪が大きくなる

Tanner 3度
陰茎：肥大がみられる
陰嚢：さらに大きくなる
精巣：さらに大きくなる
陰毛：色は濃く、硬くなり、
　　　カールする
　　　（写真に撮れるようになる）

Tanner 3度
乳房はさらに大きく
突出する

Tanner 4度
陰茎：長く、太くなる
　　　亀頭も肥大する
陰嚢：さらに大きくなり、
　　　色素沈着をみる
精巣：さらに大きくなり
陰毛：成人に近くなるが、まばらで
　　　大腿部までは及ばない

Tanner 4度
乳房肥大、乳輪と乳頭は
乳房からさらに盛り上が
ってみえる

Tanner 5度
陰茎：成人様にまで成熟
陰嚢：成人様にまで成熟
精巣：成人様にまで成熟
陰毛：濃く密生する
　　　大腿部まで及ぶ

Tanner 5度
成人型となる。乳輪は後
退するため乳頭のみ乳房
から突出してみえる

図25　Tanner分類

（Tanner JM：*Growth at Adolescence*. 2nd ed., Oxford, Blackwell Science Ltd, 1963 より改変）

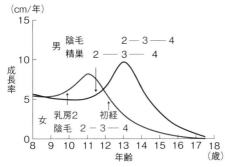

※数字はTanner分類を示す。

図26　二次性徴の発現・進行と成長率曲線

（日本小児内分泌学会（編），小児内分泌学 改定第3版，診断と治療社，15-18，181-182，295-296，2022）

います[9]。思春期になると性ホルモンが分泌されて、外性器、内性器が成熟し、成長のスパートが認められます。女性は乳房→恥毛→初経→骨端線閉鎖の順、男性は精巣（睾丸）→陰茎→恥毛→骨端線閉鎖の順に進みます。思春期開始の平均年齢は女子が9歳頃、男子は11歳頃です。思春期の

スパートは女子では11〜12歳、男子では13歳付近でピークとなります[11]。二次性徴は一定の順序で発現し、ほぼ3〜4年で完成します（**図26**）。

3 ▶ 思春期に気をつける症状

　乳幼児期、前思春期には、身長の伸びが悪かったり（低身長）、思春期が7歳6カ月未満で始まってしまったり（思春期早発症）、発育が平均から外れてしまうことで疾患に気づきやすいのですが、思春期には、外からみた体型からは気づきにくい疾患があります。急激な成長に伴う鉄欠乏性貧血（p.79参照）や、女性に多い摂食障害（p.83参照）、起立性調節障害（OD）は注意が必要です。起立性調節障害の症状の特徴は、不定愁訴（朝起きられない、めまい、立ちくらみ、頭痛、腹痛など）です（**表7**）。小児科や内科を受診すると、適切な治療を受けることができます。

表7　起立性調節障害（OD）身体症状項目

1. 立ちくらみ、あるいはめまいを起こしやすい
2. 立っていると気持ちが悪くなる、ひどくなると倒れる
3. 入浴時あるいは嫌なことを見聞きすると気持ちが悪くなる
4. 少し動くと動悸あるいは息切れがする
5. 朝なかなか起きられず午前中調子が悪い
6. 顔色が青白い
7. 食欲不振
8. 臍疝痛をときどき訴える
9. 倦怠あるいは疲れやすい
10. 頭痛
11. 乗り物に酔いやすい

（日本小児心身医学会（編）, 日本心身医学会ガイドライン集, 南江堂, 63, 2021）

10

内科疾患

| 学習のポイント |

● 一般に女性に多くみられる内科疾患は、女子アスリートにおいても多い。

● その中でも比較的多くみられる疾患は、貧血、甲状腺機能異常症などである。

● 貧血の原因は鉄欠乏が多いが、他の原因でも起こりうる。

　女子アスリートに比較的多くみられる内科疾患として、花粉症や食物アレルギーなどのアレルギー疾患、貧血、気管支喘息、甲状腺疾患、片頭痛、睡眠障害、急性上気道炎（かぜ）、感染性胃腸炎などがあります。このうち、アレルギー疾患や睡眠障害、急性上気道炎などは男子アスリートにも多くみられ、あまり性差はありません。男子よりも女子アスリートに比較的多くみられる内科疾患としては貧血、甲状腺疾患、片頭痛などがあげられます。その他少数ではあるものの全身性エリテマトーデス（Systemic Lupus Erythematosus: SLE）や関節リウマチといった自己免疫性疾患が男子アスリートよりも女子アスリートに多くみられます。一方、高尿酸血症は一般に男性に多い疾患であり、アスリートにおいてもほとんどが男子です。

1 ▶ 貧血

　貧血の原因は様々ですが、**一般と同様、アスリートにおける貧血も鉄欠乏性貧血が最も多い**です。鉄欠乏性貧血は月経、消化管出血、血尿、発汗など

により体内の鉄が失われたり（鉄喪失の増加）、鉄の体内への吸収機能が低下したり、摂取する鉄が不足したりする（鉄の体内への取り込みの減少）ことから発症します。アスリートにおいては激しい運動により尿や汗の中への鉄の喪失量が増加しますが、**女子アスリートの場合は月経による鉄の喪失が加わります。月経による鉄は他の原因による鉄に比べて、一般にその喪失量が多いです。**もちろん、鉄が欠乏するからという理由だけではなく、出血量が多いとそれだけで貧血になります。

　一方で鉄の体内への取り込み減少の要因については、激しい運動によって食欲が低下し、摂食量の低下に伴って鉄の摂取量も低下する可能性と、体重コントロールが必要な競技種目では、減量のために摂食量が低下し、鉄の摂取量も低下する可能性が考えられます。また、運動後には鉄の吸収を抑制するヘプシジンが肝臓から多く分泌されるという報告があり、運動後のある時間帯では鉄の吸収が悪くなっているようです。成長期のアスリートにおいては鉄の需要の増加が顕著であり、相対的に鉄が不足しやすいです（**図27**）。

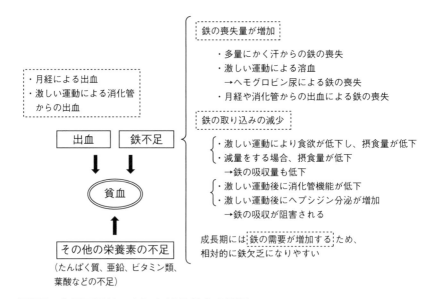

図27　女子アスリートにおける貧血の要因

アスリートにおける貧血の診断も、一般と同様、血液検査によってなされますが、まずは症状から貧血を疑って血液検査をすることが重要です。

貧血になると「だるい」「疲れやすい」「立ちくらみ」「めまい」といった症状が出現することがあるのは一般と同様ですが、アスリートの場合は本人の訴えが「最近調子が悪い」「練習についていけなくなった」「競技成績が低下した」などといった漠然とした訴えの場合もあります。このような場合、コーチなど周囲の人間が貧血を疑って医療機関の受診を勧めるか否かがアスリートの貧血を診断するためには鍵となります。

医療機関を受診後、確定診断のために血液検査をすることになります。鉄欠乏性貧血の頻度が高いですが、ヘモグロビン値は低下していなくても、血清鉄やフェリチンの値が低下している鉄欠乏状態もしばしばみられます。このような貧血の前段階と考えられる状態を放置してアスリートにトレーニングを継続させると、いずれ鉄欠乏性貧血になってしまうことが多いので要注意です。

貧血を予防するためには、食事から鉄、たんぱく質などを十分に摂取する食事療法が基本となります。栄養士の協力が得られる場合には、どのような食品に鉄が多く含まれているか、どのような食べ合わせが良いのかなどについて助言してもらうことが望ましいです。

しかし、血清鉄やフェリチンの値を確認した上で、積極的治療が必要な鉄欠乏状態であると判断されれば、鉄剤を投与することになります。鉄剤を投与する場合は原則として内服薬を用います。副作用のために内服薬が使用できないなどの場合には鉄剤を静脈内投与することがありますが、過量に投与すると肝臓などの臓器障害を引き起こしたり、骨がもろくなって疲労骨折を起こしやすくなることがあるため、注意が必要です。また12時間あたりで100mLを超える量の静脈内注入は、内容にドーピング禁止物質を含んでいなくてもその行為自体が原則としてドーピング禁止行為に指定されている（2024年1月時点）ことにも注意が必要です。

2 甲状腺機能異常

　甲状腺機能異常には、甲状腺機能亢進症と甲状腺機能低下症があります。運動と関連してみられるというよりは、一般に甲状腺機能異常を有している人は女性にやや多いので、女子アスリートに目立つということです。

　甲状腺機能亢進症の症状としては、動悸、頻脈、体重減少、手のふるえ、汗が多い、イライラするなどがみられることがあります。甲状腺機能低下症の症状としては、倦怠感、むくみ、便秘などがみられることがあります。

　症状が出現して医療機関を受診し、検査して診断される場合のほか、メディカルチェック時などに甲状腺腫大などの異常を指摘されて発見される場合があります。治療は、甲状腺機能亢進症であれば抗甲状腺薬の投与が、甲状腺機能低下症であれば甲状腺ホルモン薬の投与が基本になります。ただし、一時的に甲状腺機能亢進を認めてもその後に機能低下をきたすような場合もあり得ますので、診断および治療の際は専門医を受診したほうが良いでしょう。

摂食障害

| 学習のポイント |

- 摂食障害は食事や食事に関連した行動の障害である。
- アスリートでは利用可能エネルギー不足や月経の問題と関連する。
- 症状の有無や程度が時期によって大きく変化する。
- 回復・治療には周りのサポートが重要である。

1 摂食障害とは

摂食障害とは「摂食または摂食に関連した持続的な障害」とされています。以前の「拒食症」には神経性やせ症/無食欲症が相当し、痩せ願望・肥満への恐怖から、食事制限・拒食・過度な運動・やせ薬や利尿剤の使用・嘔吐などの極端な方法で体重を減らそうとしている特徴があります。また、「過食症」には神経性過食症/大食症や過食性障害が相当し、繰り返し何度も異常なほど大量に食べたり、その際に食欲をコントロールできないと感じたり、その後に過食の代償に嘔吐・拒食・過度な運動などを行う特徴があります。体重自体は健康的な体重〜やや体重過多の人が多いとされています。過食性障害では、むちゃ食い・やけ食いに没頭するエピソードがあるものの、持続的に体重をコントロールする行動はとらず過食後の自己嫌悪、抑うつなどが多く認められます。

アスリート・同年齢の一般人口ともに女性で多く発症することがわかっており、特に審美系・持久系・階級系の女性アスリートでの発症率は一般人口の約3倍とする報告もあります。

摂食障害を起こしやすい危険因子を生物学的・心理的・社会文化的側面から**表8**に示します。摂食障害の心理行動特性とアスリートの陥りやすい悪循環思考には類似点があり、何事でも失敗をきらう、すべてのことを一人でやろうとする、少しでもうまくいかないと過度に落ち込む、批判や注意に敏感、などがあげられます。そのような思考から自己嫌悪に陥り、低い自己評価を代償する過剰適応、指導者との関係性における優等生傾向や、指導者から抑圧される傾向の結果として食行動に問題をきたすことがあります。女性アスリートの三主徴の定義の一つが以前は摂食障害であった点から、アスリートでは利用可能エネルギー不足や視床下部性無月経と摂食障害は関係していて、過度なトレーニングにつながる運動依存との関係も注目されています。

表8　摂食障害を起こしやすいリスク因子

生物学的リスク因子	心理的リスク因子	社会文化的リスク因子
年齢 成長、発達、思春期の段階 遺伝的な危険因子（例：家族に摂食障害、依存症があるなど） 早熟な成長または発達 平均と著しく異なる成長または発達	身体への不満、ボディイメージの歪み 低い自尊心 完璧主義などの性格的特徴 強迫観念的な傾向・特徴 神経質（抑うつ、不安、情緒不安定） 有害事象の回避 ストレス反応性の高さ 柔軟性のなさ、ルール駆動型、秩序や対称性を求める傾向 リスクをとる行動	食行動の重圧/モデリング 外見や体重に関する同調圧力 メディアの影響 「細い」「筋肉質」「健康な」体型の理想 外見や体重を修正するような直接的または自覚的な重圧 体重や外見に対する揶揄や苛め 社会的孤立 医療やスポーツ環境における体重のスティグマ（偏見）の経験

摂食障害で認める症状を身体面・精神面・行動面から**表9**に示します。普段と違う変化で本人や周囲の人が気づいてほしいポイントとして食事に関する行動面だけでなく、考え方を反映する言動や長期化した場合に出現する身体面の変化が重要となります。

表9　摂食障害でみられる身体・精神・行動面での特徴

身体面	精神面	行動面
体重減少や体重変動 寒さへの敏感さ 月経不順・無月経 嘔吐による頬や顎周りの腫れ 手のタコ 歯の変色 失神　　　など	食べ物や体型、体重への没頭 体型への過度な不満 ボディイメージの障害 運動や食事、体型体重への批判に過敏になる 抑うつ・不安・イライラ 食事の時間が近づくと不安 自己評価が下がる 白黒思考（良い・悪い食べ物）	食事の制限（絶食、カロリー） むちゃ食い（ため込み） 自己誘発嘔吐・下剤乱用 強迫的・儀式的運動 食べ物の好みの変化 食品選択・調理法の厳格化 人との食事を避ける 量や種類の摂取内容の嘘をつく 減量に関する情報への興味 繰り返す行動（ウエスト、手首を何度もつまむ、体重計測） 社会的引きこもり

　また、アスリートにとって食行動の問題は時期によって変化すると考えられています（**図28**）。競技シーズン中には問題のある状態だとしてもシーズンオフになると症状が減る、みられなくなることもあります。

適切な栄養摂取	乱れた食生活	摂食障害
安全かつ支援下で、目的を持って、選手個々人のニーズに合った栄養摂取を実践することで、健康とパフォーマンスの最適なバランスが実現される	摂食障害の臨床診断を満たさない問題のある食行動	摂食障害のDSM-5診断基準を満たす行動

図28　摂食行動のパターン

3　周りのかかわり方・治療につなげるまで

　図28の「乱れた食生活」に相当する時期に摂食障害を早期発見するためには指導者・教師・メディカルスタッフ・栄養スタッフなど多職種で連携しサポートすることが重要です。栄養や月経、骨密度などのチェックとともにボディイメージに問題がないかを確認するような対応をします。
　選手が摂食障害ではないかと気になった際には、批判せず、決まり悪さ

せず、心配している態度で接することが重要です。食行動の問題は故意やわがままではなく、疾患に関連したものとして傾聴し、食事や体重、運動以外の心配事を話すことを受け入れましょう。その際、聴き手が賛同しにくいと感じることもあるかもしれませんが体重や見た目に関してポジティブなコメントもネガティブなコメントもしないよう気をつけましょう。また、相談してくれた選手が否定や怒り、攻撃、涙や防衛といった反応を示すかもしれませんが、聴き手は否定的な感情を見せないようにしましょう。

　医療機関など専門家への相談に至るまでに消極的な選手もいます。その際、変わることの必要性を選手が受け入れるのを待つ間は**支持的・肯定的に励まし続け食事や見た目と関係ないこと、性格のいいところや成功、成果を認める**よう心がけましょう。

　摂食障害の治療には、認知行動療法や行動療法、家族療法、対人関係療法などが本人の治療意欲や栄養状態に応じて外来・入院にて行われます。

　治療目標として、①体型や体重に対する過剰な関心や歪んだ信念や価値観の修正、②摂食行動や体重の正常化および安定性の重要性の理解、③根底にある問題の改善などがあります。

　アスリートでは、これらに加えて競技参加も加味した上で、①栄養バランスのとれた規則正しい食生活の回復、②スポーツに必要な最低限の体重を回復、③下剤や利尿薬の乱用や不健康な体重調節法をやめる、④食事、体型や体重に関する歪んだ認知の緩和などが治療目標になります。

12 オーバートレーニング 症候群

- トレーニングの疲労が蓄積するとオーバートレーニング症候群を生じることがある。
- ほかの疾患の可能性もあるため、体調不良が続いた場合は必ず医療機関を受診して調べる。
- 予防には、回復を大切にする意識づけ、体調のセルフチェック、コンディションを考慮したトレーニングの実施が重要となる。

1 オーバートレーニング症候群とは

オーバートレーニング症候群（OTS）は、過剰なトレーニング負荷に対して回復が間に合わない状況が続いた結果、数カ月以上の長期にわたり競技パフォーマンスの低下を生じる現象です。元気がなくなり、気持ちが落ち込むこともあります。原因がわからないコンディション不良が2カ月以上続き、医師の診察を受けてほかの疾患ではないことが確認された場合にOTSと診断します。

2 オーバートレーニング症候群の症状

OTSでみられることのある症状を**表10**に示します。競技パフォーマンスの低下に加えて、疲労症状、精神・心理面の症状、自律神経機能異常、免疫機能低下などが持続します。症状が長引くと、回復までに半年以上の時間を必要とする場合があります。

表10　OTSの症状

オーバートレーニング症候群の症状

疲労症状	自律神経機能異常
競技パフォーマンスの低下 疲れやすさ、倦怠感、筋力低下 すぐに息があがる 筋・腱・関節の痛み、食欲低下、体重減少	めまい、たちくらみ 動悸、胸の不快感、過換気発作 吐き気、嘔吐 便秘、下痢、腹痛、頭が重い、頭痛 睡眠障害（不眠/過眠）、性欲減退 起床時心拍数の変化（増加/減少）
気持ちの落ち込み 頭が働かない、注意力の低下 やる気がなくなる、自分を責める 興味や喜びの喪失、不安、あせり 情緒不安定、希死念慮	易感染性（風邪などをひきやすくなる） 口内炎、口唇ヘルペスや帯状疱疹など
精神・心理症状	免疫機能低下

3　オーバートレーニング症候群の予防

OTSを予防するためのポイントを三つ挙げます。

（1）回復（recovery）の意識づけ

普段から、最大のトレーニングをするために最大の回復を心がけることが大切です。食事（栄養）と睡眠は回復のための二本柱と考え、忙しさに追われておろそかにしないように心がけましょう。また、トレーニングによって疲れるのは身体だけではありません。集中力を高めてきつい練習をすることで、脳やこころも疲れます。身体に比べてこころの疲れは意識しにくいものですが、負荷をかけて消耗するばかりでいるとエネルギー切れを起こします。こころのエネルギー（競技への意欲）についても、身体の疲労と同じように大切にケアをする必要があります。練習以外の時間をどのように使えば、身体とこころの両面を効率よく回復させられるのか、自分なりの方法を探求しましょう。

（2）セルフチェック

　自分の心身の状態を把握して、主体的なコンディショニングを行うことがOTSを予防する鍵になります。練習日誌にセルフチェック項目（トレーニング前の疲労感、練習意欲、睡眠、食欲、排便状態、体重、起床時心拍数、月経の状況）などを記録して、自分の状態をよく観察しましょう。起床時（または安静時）の心拍数は疲労によって生じる自律神経活動の乱れを反映する良い指標になります。疲れがたまると心拍数が増える人と減る人がいますが、習慣的に計測することで自身の傾向を知ることができます。

（3）コンディションに合わせたトレーニングの実施

　自身の疲労状態を把握したら、それに応じて練習内容を調整する柔軟性をもちましょう。前もって予定したトレーニング内容をこなすことにこだわりすぎず、当日のコンディションに合ったトレーニングを行うことが大切です。トレーニングの目的は競技力を向上させることですので、「トレーニングをこなすこと」自体が目的にならないように注意しましょう。

4　オーバートレーニング症候群が生じた際の対応

　OTSは競技者ごとに病態や必要な対応が異なります。一定期間（多くは月単位）、競技活動から離れて休養することが治療の基本となり、休養のみで回復が得られるケースもあります。一方で、心理的要因や競技環境への適応に関する問題がある場合は、休養だけでは回復が得られないことも多く、競技に通じた精神科医や心理専門職の支援を得ながら解決を図っていく必要があります。

13

女性アスリートの
身体的特徴とスポーツ外傷

│ 学習のポイント │

● 女性アスリートの身体的特徴を知る。

● 女性アスリートが受傷しやすいスポーツ外傷とそのリスク因子を知る。

● 女性アスリートのスポーツ外傷予防に役立つトレーニングを知る。

発生しやすいスポーツ外傷には男女差があります。これは男女で身体的特徴が異なり、負荷がかかりやすい部位が異なることが一因と考えられます。以下の特徴は、個人の特徴ではなく、男性アスリート全体と女性アスリート全体を比較した場合であり、個人の特徴を示すものではありません。また、競技によっても異なるので注意してください。

1 女性アスリートの身体的特徴

当然ながら女性と男性の身体は異なっており、それにより、発症しやすい怪我の種類や頻度が影響されます。女性アスリートの怪我を予防するためには、以下の**表11**ような女性アスリートの身体的特徴について知っておく必要があります。

表11　女性アスリートの身体的特徴

体格・体組成	体格が小さい一方、体脂肪率が高い
解剖学的特徴	男性に比べて、相対的に骨盤が大きく、Q角が大きい（X脚である） 脛骨の後方傾斜角が大きい
筋力	体重当たりの筋力が弱い 膝屈曲筋力と伸展筋力の比であるH/Q比が小さい
関節弛緩性	男性に比べて、関節弛緩性が大きい
筋の柔軟性	競技や筋肉の種類によって異なり、一定の傾向はない
バランス	男性アスリートに比べ、バランス能力が高い
身体の使い方	ジャンプ着地の際の膝外反角度が大きい ジャンプ着地の際の股関節や膝関節の屈曲角度が小さい

2 　女性アスリートとスポーツ外傷

　競技によっても異なりますが、女性アスリートでは膝前十字靱帯（ACL）損傷や大腿四頭筋の肉ばなれ、疲労骨折が男性アスリートよりも多く、一方ハムストリングの肉ばなれは少ないなど、スポーツ外傷の頻度には男女差があることが知られています。これは、前述したような女性アスリートの身体的な特徴や動きの男女差に原因があると考えられます。

● 女性アスリートとACL損傷

　女性アスリートの怪我の中で特に問題となるACL損傷を例として、女性アスリートのスポーツ外傷について考えてみます。多くの競技で女性の方がACL損傷の頻度が高いことが知られています。女性アスリートにおけるACL損傷のリスク因子として下記の**表12**のような因子が報告されています。

表12　ACL損傷のリスク因子

体格	BMIが高い
解剖	脛骨の後方傾斜角が大きい
筋力・バランス	体幹の安定性が低い ハムストリングの筋力が弱い 股関節の外旋筋力が弱い
身体の使い方	着地時の膝外反が大きい
その他	非利き脚

3　女性アスリートのスポーツ外傷予防

　女性アスリートのスポーツ外傷発生予防のためには、女性アスリートに合わせた予防トレーニングが必要です。受傷リスクを高めるような不良動作・不良肢位を改善させる予防トレーニングが多く開発されています。これらの予防トレーニングはおおよそウォーミングアップ、ランニング、柔軟性トレーニング・ストレッチ、バランストレーニング、ジャンプトレーニング、ストレングストレーニングで構成されています。

　予防トレーニングによって膝関節の外傷を約7割程度に、またACL損傷を約半分に減少させることができると報告されています。

14

疲労骨折

| 学習のポイント |

● 疲労骨折がなぜ発生するのかを理解する。
● 疲労骨折のリスクファクターを知る。

1 疲労骨折とは

　骨の同一部分に対し、通常では骨折しない程度の負荷が繰り返し加わって生じる骨折です。一回の強大な外力によって発生する外傷性骨折とは区別されます。スポーツ活動などにより、骨に偏った負荷やねじれの負荷などが繰り返し加わると骨にゆがみが生じます。ゆがみの程度や頻度が高くなり、骨の許容範囲をこえると骨に微細な損傷が起こります。骨自身は微細な損傷を修復しようと骨の細胞の活動を活発化させますが（リモデリング）、リモデリングが追いつかないと、損傷が蓄積して、疲労骨折が発生してしまいます（**図29**）。

　疲労骨折はどの年齢でも発生するリスクはありますが、発生年齢のピークは16歳といわれています[1,2]。競技種目などで異なりますが、下腿（すね）や足部（中足骨など）、腰椎（分離症など）、骨盤（仙骨や恥骨など）に発生しやすいとされます。

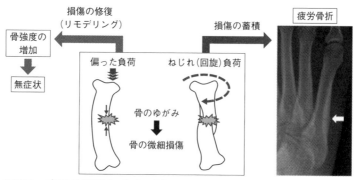

図29　疲労骨折発生イメージ

2　疲労骨折のリスクファクター

　疲労骨折のリスクファクターは、骨の力学的負荷に関連する因子と、骨量や骨質に影響する因子に分類されます（**表13**）。疲労骨折発生の性差は明らかにはなっていません。

　しかし、女性アスリートが利用可能エネルギー不足に陥り、視床下部性無月経となると、低エストロゲン状態が持続し骨粗鬆症（女性アスリートの三主徴の一つ）や疲労骨折発生のリスクが高くなります。女性アスリートの三主徴のうち、一つの疾患を有するアスリートでは、疲労骨折のリスクは2.4〜4.9倍、三つを有すると6.8倍高くなると報告されています[13]。

3　疲労骨折の治療・予防

　治療のためには、疲労骨折の原因を明らかにし、トレーニングの時間や頻度の制限、フォームの修正、シューズの変更やインソールの作成、適切な栄養摂取など、その原因を改善することが必要です。骨癒合がなかなか得られない場合や、完全骨折に至ってしまった場合は、手術が必要になることもあります。疲労骨折が発生しないように、普段から避けることができるリスクは避けるように注意して生活・トレーニングを行うようにしましょう。

表13 疲労骨折のリスクファクター

骨への力学的負荷に影響する因子（外から骨にかかるストレスに関わる因子）	
・骨の解剖学的な問題（アライメント（ならび）や形態など）	
・筋力、筋持久力、筋の柔軟性	
・動作に関連した力学的因子（ランニングや歩行、ジャンプの着地動作など）	
・床反力の大きさ、頻度、加速度	
・シューズ、インソール、装具	
・トレーニングの時間、頻度	
・トレーニングの内容	
・グラウンドや床面の状態	など
骨量や骨質に影響する因子（骨の構造に関わる因子）	
・遺伝	
・栄養状態（食習慣、総カロリー、カルシウム、ビタミンDなど）	
・内分泌やホルモンの状態（初経年齢、月経の状態や周期）	
・スポーツ活動歴	
・骨関連の疾患	
・骨に影響を及ぼす内服薬（糖質コルチコイドや抗けいれん薬など）	など

(Warden SJ et al., Orthop Sports Phys Ther, 44 (10), 749-765, 2014)

参考文献

1 Fong HB et al., Greater Breast Support Is Associated With Reduced Oxygen Consumption and Greater Running Economy During a Treadmill Running Task. Front Sports Act Living. 14;4:902276, 2022

2 Nose-Ogura S, et al., Risk factors of stress fractures due to the female athlete triad: Differences in teens and twenties. Scand J Med Sci Sports. 29 (10):1501-1510, 2019

3 日本産科婦人科学会/日本女性医学学会, 女性アスリートのヘルスケアに関する管理指針, 2017

4 De Souza MJ, et al., 2014 Female Athlete Triad Coalition Consensus Statement on Treatment and Return to Play of the Female Athlete Triad: 1st International Conference held in San Francisco, California, May 2012 and 2nd International Conference held in Indianapolis, Indiana, May 2013. Br J Sports Med. 48 (4):289, 2014

5 産婦人科診療ガイドライン 婦人科外来編:191, 2023

6 能瀬さやか他. 女性トップアスリートの低用量ピル使用率とこれからの課題, 日本臨床スポーツ医学会誌, 22:122-127, 2014

7 Takeda T, et al., Prevalence of premenstrual syndrome and premenstrual dysphoric disorder in Japanese women. Arch Womens Ment Health. 9 (4):209-212,2006

8 独立行政法人日本スポーツ振興センター 国立スポーツ科学センター, 成長期女性アスリート指導者のためのハンドブック:4-9, 2014

9 日本小児内分泌学会（編）, 小児内分泌学, 診断と治療社:169-175, 2009

10 Karlberg J, A biologically-orientedmathematical model (ICP) for humangrowth, Acta Paediatr Scand Suppl. 350:70-94, 1989

11 日本小児内分泌学会（編）, 小児内分泌学 改定第3版, 診断と治療社:15-18, 181-182, 295-296, 2022

12 木村由佳他, 疲労骨折の基礎知識, 関節外科41 (14):10-16, 2022

13 Mallinson RJ et al., Current perspectives on the etiology and manifestation of the"silent" component of the Female Athlete Triad, Int J Womens Health3:451-467, 2014

女子アスリートの健康は
トータルライフで支援を

前半では、メディアでも強じんなアスリートとして語られることの多かった橋本聖子さんの知られざる軌跡をみてきました。対談後半では、日本におけるチーム医療体制の変遷やトータルサポートの重要性、そして学校教育など今後の課題や展望について語り合いました。

橋本聖子
元東京オリンピック・パラリンピック競技大
会担当大臣

廣瀬俊朗
元ラグビー日本代表／一般社団法人スポーツを
止めるな共同代表

必要なのは正しい知識。
そして、チームで行うトータルサポート

——メディア側も当時は、日本のオリンピアン初の夏・冬五輪出場を果たした聖子さんを、とにかく強じんなアスリートとしてのみ扱い「聖子の太もも驚異の63センチ」などといった報道に終始していました。リスクなんて考えなかった。自戒を込めてメディアの啓発も必要でしょう。

橋本　知識がなければ予防もできません。私の現役時代、骨折はただ練習の負荷で起きていると捉えられてしまうケガでした。実際にはそうではなく、体脂肪と生理の関係性や無月経が骨の生成に悪影響をおよぼすリスクによって引き起こされていた。ですから、科学的なサポート、複数のジャンルの専門家によるチーム医療が必要だったと思います。トップ選手が無月経のまま競技を続けるなどという事態は、あってはなりません。

廣瀬　聖子さんはチーム医療のスタッフを抱えていたのでしょうか？　今でこそ、「チーム○○」として様々な分野のプロフェッショナルで一人の選手を支える体制もできていますね。

橋本　23歳で初出場したカルガリーオリンピックの直前合宿で初めて「チーム医療」を認識する機会がありました。私は腎臓病を持病に肝炎も患った

橋本聖子
学校教育へのカリキュラム導入、スピード感をもった支援に取り組みたいと語る

ため常に治療薬を服用しなくてはならず、ドーピングに問題ないか、薬をチェックするためカルガリー（カナダ）のスポーツドクターのクリニックを紹介してもらいました。内科医、産婦人科医、整形外科医、栄養管理士、理学療法士と、あらゆる部門の先生方がいわゆるチーム医療で私の身体を各専門分野から分析してくれた。チーム医療にもちろん驚きましたが、通訳も兼ねてずっと付き添ってくださった方に「え？　これって当たり前だよ」と指摘され、さらに驚きました。

廣瀬　日本では、例えばドクターが帯同してくださっても、それは何かあった時のために、というのが一般的です。聖子さんが経験された、チームで、トータルで、その選手のベストのコンディションにアプローチする。これが主流であってほしいですね。ラグビーも専門スタッフがチームに多く入り、結果にもつながっていきました。

日本で進むアスリートサポート支援と
教育をはじめとする課題や展望

——こうした経験が日本で形になったのがナショナルトレーニングセンターでしょうか。

橋本　JISS（国立スポーツ科学センター）も含めて、選手を包括的にサポートしなくては、との考えからナショナルトレーニングセンター（NTC、東京都北区）でシステムを築き上げました。NTCの完成は2007年ですから、私がカルガリーのクリニックで驚いてから20年が経っていましたね。今は引けを取りませんし、もちろんすべての競技者を支援する施設でありソフトです。ただ、女子アスリートの場合、特に無月経への知識、対応、現役中にどう向き合いベストパフォーマンスをサポートしていくかなど、女性アスリートに特化したハード、ソフトも検討したいですね。

廣瀬　トップアスリートに限定するのではなく、小さい頃から生理というものがいかに大切か、男性も一緒に学ぶ機会をつくるべきだと思います。そういう社会が全体で女子アスリートを支える構造に変えていくためにも、学校の教育と「スポ止め」のような活動、両サイドから支える中で進められるのが大事だと思います。

橋本　義務教育の分野にしっかりと女性の身体のしくみを知るカリキュラムを入れ、一方で国際舞台に挑む女子アスリートへの支援と合わせて、室伏広治さんがスポーツ庁長官としてフットワークを駆使して現場を回り指導しています。どのレベルでも、生理の問題が非常に重要であると教育の中に組み込んで、指導者にしっかりとした情報を提供する。政治家もそれが重要だと

廣瀬俊朗
男性も女性も一緒に学べるしくみ
や、環境づくりの大切さを説く

気づき始めています。スピード感を持ってこの問題に国が取り組まなければならない時です。

廣瀬 聖子さんが経験した、骨折まで引き起こす無月経のリスクについて、今では指導者の知識も浸透したとは思います。ただ、トップ選手は引退した後も回復できない影響が残る、通常になかなか戻れないなど、リカバリーの時間も考えなければいけませんね。

橋本 女性のスポーツを考える場合、それが部活でも、五輪や世界選手権の舞台を狙うトップレベルでも、トータルで考える必要があります。指導者の皆さんにはだからこそ、正しい知識を持って女子アスリートのライフサポートをすると考えて学んでいただきたいですね。私のように引退しても体脂肪が増やせず、普通の健康状態に戻るのに長い時間を費やした例もあります。競技中に結果が出るかどうかに集中するだけではなく、トータルで指導できる連携をつくりたい。

廣瀬 そのために、知識を得て、社会的背景や環境すべてを考えたいと思っています。

司会・構成・文／スポーツライター・増島みどり

chapter 3

女子アスリートの身体を正しく知る②

—運動生理学—

女子アスリートを指導する上では、
男性とは異なる女性ならではの身体的特徴を理解することも重要です。
この章では、成長期における身体の発育・発達における性差や、
運動と身体機能のしくみ、
月経や月経周期とパフォーマンスの関連など、
女子スポーツを指導する上での知識を運動生理学的観点から学びます。

01

発育発達

● 身体の発育発達の変化と性差について理解する。
● 女子アスリートにおける体力の役割と性差について理解する。

1 身体の発育と発達

　成長期におけるスポーツは、身体の発育（形態面）と発達（機能面）の変化を理解し、実践する必要があります。ヒトの身体は、生まれてから大人になるまで身体の各器官が著しく成長し、この成長過程をグラフで示したものがスキャモンの発育曲線です（**図1**）。この曲線は、「一般型」、「神経型」、「生殖型」、「リンパ型」の４つに分かれており、20歳時点の発育を

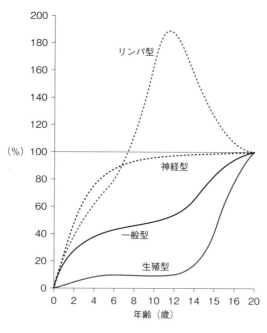

図1　スキャモンの発育曲線

(Scammon RE, The measurement of the body in childhood : The measurement of the man, Univ. Minnesota Press, Minneapolis, 173-215, 1930)

100%とした時の成長パターンを示しています。一般型は、身長や体重、骨格筋などの成長を示しています。神経型は、出生後から12歳頃までには成人のほぼ100%に達し、この時期に神経系の発達が著しく成長します。生殖型は、男性や女性の生殖器、乳房などの成長を示しています。思春期になってあらわれる二次性徴では、性ホルモン（男性ホルモン・女性ホルモン）の影響によって身体の各部位に男女の特徴がみられます。リンパ型は、胸腺などのリンパ組織の成長を示しており、免疫力に働き、思春期に最も高くなります。

　子どもの身長は、小学生から中学生にかけて著しく伸びる時期があります。身長発育速度ピーク（PHV）年齢は、1年間の身長の伸びが最大になる年齢をいいます（**図2**）。PHV年齢は、女子が男子より約2年早い傾向があり、一般に女子は9～11歳、男子は11～13歳です。

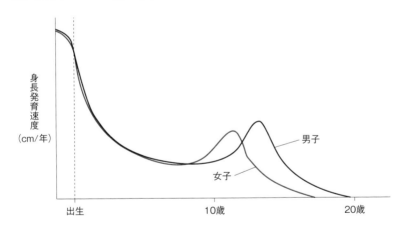

図2　身長の発育速度曲線
（高石昌弘他，からだの発達―身体発達学へのアプローチ，大修館書店，1981）

2 体力と性差

　アスリートにおいて、トレーニングによって体力を維持・向上することは、競技力だけでなくコンディション面においても重要です。体力は主に行動体力と防衛体力に分けられます（**図3**）。

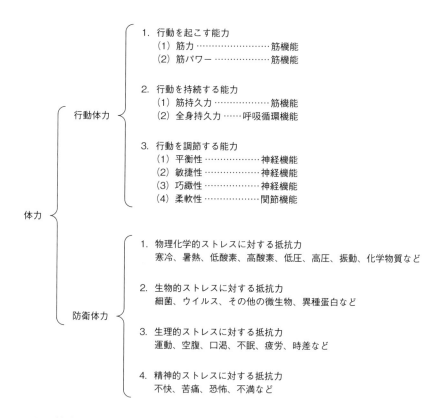

図3　体力の分類
(池上晴夫，新版運動処方－理論と実際，朝倉書店，1990)

行動体力は、主に行動を起こす能力
（筋力、パワー）、行動を持続する能力
（持久力）、行動を調節する能力（平衡
性、敏捷性、巧緻性、柔軟性）に分け
られます。行動体力は行動の基礎とな
る身体的能力であり、運動パフォーマ
ンスとも密接に関連しています。防衛
体力は、病気やストレスに対する免疫
力や抵抗力、環境に適応する能力であ
り、様々なストレッサーに対する防衛

表1　体力と性差

体力因子	性差
筋力	男性 ＞ 女性
筋持久力	男性 ＞ 女性
全身持久力	男性 ＞ 女性
敏捷性	男性 ＞ 女性
瞬発力	男性 ＞ 女性
バランス能力	男性 ＞ 女性
柔軟性	男性 ＜ 女性

機能としての役割を担っています。アスリートでは、風邪などでコンディシ
ョンを崩さないために防衛体力を維持・高めることは重要です。

　体力を性差の観点からみてみると、筋力、筋持久力、全身持久力、敏捷性、
瞬発力、バランス能力の体力水準は女性に比べ男性のほうが優れています
（**表1**）。一方、柔軟性の指標である長座体前屈は女性が男性に比べて高い値
を示します。この要因には、性ホルモン分泌による発育発達の影響や解剖学
的要因などが関与していると考えられます。性差が顕著になる時期はおおむ
ね12歳以降であることから、体力や身体発育の性差を考慮することは重要
です。

02

運動と筋・神経系

● 骨格筋の構造と機能を理解し、トレーニングの特徴について学ぶ。
● 筋収縮の仕組みを知り、神経・筋機能の役割について理解する。

1 筋肉の特徴

　ヒトの骨格筋は体重の約40%を占める臓器です。骨格筋は可塑性に富んだ組織であり、運動や不活動など様々なストレスに応じて変化することから、骨格筋について、その特徴やトレーニングに対する応答を理解することは大切です。骨格筋は、両端にある腱を介して骨に結合し、この筋肉が収縮や弛緩することによって姿勢の保持や運動を遂行します。一つの筋肉には多数の筋線維を結合組織で包む筋線維群があり、筋線維は多数の筋原線維からなります。筋原線維には規則正しい縞模様（横紋）があります。縞模様を形成しているのは、2種類の線維（フィラメント）であり、太いフィラメントをミオシン、細いフィラメントをアクチンといいます（**図4**）。

　骨格筋を構成している筋線維は、形態的および機能的特性によって大きく**遅筋線維**（タイプⅠ）と**速筋線維**（タイプⅡ）の二つのタイプに分けられます。速筋線維はさらにタイプⅡaとタイプⅡbの二つに分けられます（**表2**）。遅筋線維は、疲労しにくく、有酸素性エネルギー供給力や持久力が高い特徴があります。一方、速筋線維は、収縮速度が速く、アデノシン三リン酸（ATP）分解酵素の活性や無酸素性パワーが高い特徴があります。これらの筋線維タイプの割合は、マラソンランナーは遅筋線維が80%程度占めるのに対して、スプリンターは速筋線維が80%程度占め、スポーツ種目特性に

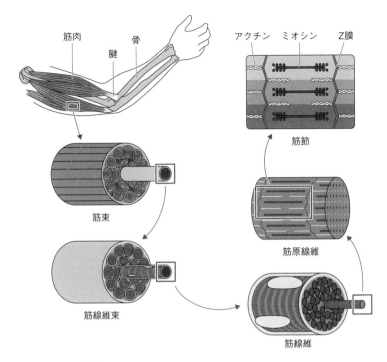

図4　骨格筋の構造

表2　筋線維タイプの主な特徴

特徴	遅筋線維	速筋線維	速筋線維
	タイプⅠ	タイプⅡa	タイプⅡb
収縮速度	遅い	速い	速い
パワー	低い	高い	より高い
持久力	高い	中間	低い
ATP分解酵素の活性	低い	高い	高い
グリコーゲン含有量	中程度	多い	多い
ミトコンドリア密度	高い	中間	低い
毛細血管密度	高い	中間	低い
酸化酵素含有量	多い	中程度	少ない
無酸素性酵素含有量	少ない	中程度	多い

よって異なることが知られています。

2 神経系の役割

　神経系は、脳と脊髄からなる中枢神経系と身体の各部位を支配する末梢神経系とに分けられます。骨格筋の収縮を命令しているのが中枢神経です。骨格筋は、神経の刺激がなければ筋収縮が起こらず、自己意識下で動かすことができる随意筋です。大脳からの命令は、運動神経線維を介して骨格筋に伝達されます。運動神経の末端は骨格筋に結合しており（神経筋接合部）、運動神経終末のシナプス小胞からアセチルコリンを放出し、筋細胞膜から活動電位（興奮）を発生させます。この活動電位によって筋小胞体からカルシウムの放出が促進されることで筋収縮が起こります。この筋肉が収縮する一連の作用機序を興奮収縮連関と呼びます（**図5**）。

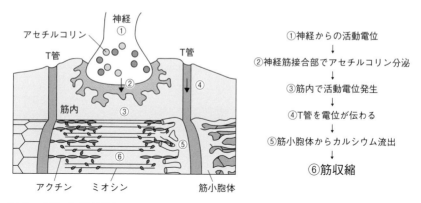

図5　興奮収縮連関
（中里 浩一他，１から学ぶスポーツ生理学，ナップ，2022）

　神経の基本的な機能的かつ解剖学的単位は、神経細胞（ニューロン）です。ニューロンは核をもつ細胞体であり、他の神経細胞から信号を受け取る枝分かれした樹状突起と１本の長い軸索を出しています。運動ニューロンとは骨格筋を支配する神経細胞のことをいいます（**図6**）。一つの運動ニューロン

とそれによって支配されている筋線維群をまとめて運動単位と呼びます。1
本の運動ニューロンが支配する筋線維数のことを神経支配比といいます。筋
活動はこの神経支配比に依存しており、支配比が小さいほど収縮する筋線維
の数は少なく、収縮力も小さくなりますが巧妙な運動を行うことができます。
一般に、大きな筋活動を発揮するためには、多くの運動単位と筋線維が活性
化する必要があります。

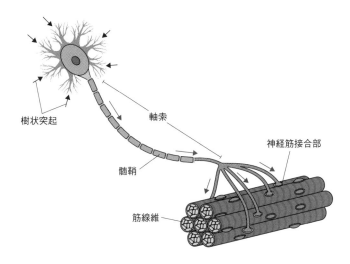

図6　運動ニューロン

03

運動と
エネルギー供給系

| 学習のポイント |

● 無酸素性および有酸素性のATP産生について理解する。
● 運動様式とエネルギー供給系の関連性について理解する。

1 生命活動のエネルギー源

　ヒトが生きるためには、全身の細胞にエネルギーを供給することが必要です。特に運動時には、多くのエネルギーを骨格筋細胞に供給しなければなりません。この時にエネルギーとして用いられる物質をアデノシン三リン酸（ATP）といいます。ATPは、アデノシンにリン酸が三つつながった化学構造をしており、二つめと三つめのリン酸は高エネルギーリン酸結合によってつながっています（**図7**）。この高エネルギー部分を切り離したときにエネルギーが発生します。三つめのリン酸が切れた後は、アデノシン二リン酸（ADP）となります。

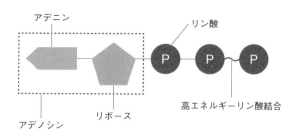

図7　アデノシン三リン酸（ATP）

ATPは、食事から得られたエネルギー源（糖質、脂質、タンパク質）を利用して産生されますが、運動様式（強度・時間）によってATPを産生する仕組みが異なります。そのため、運動とエネルギー供給系について学ぶことは、効率的なトレーニングプログラムの作成のために役立ちます。

2 無酸素性のATP産生

　ATPを産生する仕組みをエネルギー供給系といい、無酸素性と有酸素性に分けられます。無酸素性（酸素が十分に供給されていない状況）には、「ATP-CP系」と「解糖系」があり、酸素を利用せずに短時間でエネルギーを供給できます。

　ATP-CP系は、細胞内にあるクレアチンリン酸（CP）を分解してリン酸をADPに引き渡すことによってATPを再合成します（**図8**）。

　解糖系は、グルコースをピルビン酸まで段階的に分解することによって、ATPを産生します（**図9**）。このときに、ピルビン酸が乳酸に変換されることで解糖系の反応が進みます。乳酸は、高強度の激しい運動をすると急激に蓄積されるため、これまで疲労物質と考えられてきました。しかし、近年の運動生理学では、その考えは否定されており、むしろエネルギー源として再利用できる物質であるといわれています。

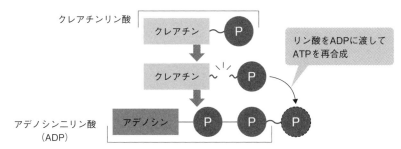

図8　ATP-CP系

3 有酸素性のATP産生

　血中や筋内のグルコースは、解糖系を経てピルビン酸に分解されますが、有酸素（酸素が十分に供給されている状況）ではアセチルCoAに変換され、クエン酸回路（TCA回路）に取り込まれます。このような過程でATPを産生する経路を「有酸素系」といいます（**図9**）。有酸素系では、糖質だけでなく、脂質やタンパク質をエネルギー源として利用することが可能です。そのため、体脂肪を燃焼させるためには、有酸素系のエネルギー供給を用いるような低強度・長時間の有酸素運動が推奨されます。

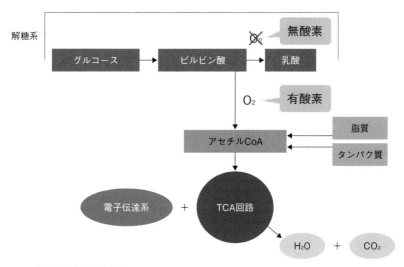

図9　解糖系と有酸素系

4 運動様式とエネルギー供給

　三つのエネルギー供給系のうち、どれを用いるかは運動の強度や時間によって異なります。数十秒以内の短時間で高強度の運動ではATP-CP系、1～3分の中～高強度の運動では解糖系、それ以上の長時間で低～中強度の運動では有酸素系を用います。例えば、100m走ではATP産生のほとんどを

ATP-CP系が担っていますが、マラソンでは有酸素系からの供給に依存しています（**表3**）。しかし、多くの競技はいくつかのエネルギー供給系が組み合わされて使われています。例えば、サッカーでは、無酸素性と有酸素性の両方を使用しますし、ポジションによっても異なります。したがって、トレーニングプログラムを作成する際には、競技特性をふまえて、どのエネルギー供給系のトレーニングをどれだけ組み込むかについて考えることが必要です。

表3　各競技種目におけるエネルギー供給系の寄与率

競技種目		ATP産生への寄与率（%）		
		ATP-CP系	解糖系	有酸素系
陸上競技	100/200m	98	2	−
	400m	40	55	5
	800m	10	60	30
	1,500m	5	35	60
	5,000m	2	28	70
	マラソン	−	2	98
水泳	50m	95	5	−
	200m	30	65	5
	400m	20	40	40
サッカー	GK/FW	80	20	−
	MF	60	20	20
バスケットボール		80	10	10
バレーボール		90	10	−
テニス		70	20	10

（Fox, E., and Mathews, D., Interval Training: Conditioning for Sports and General Fitness. Philadelphia, PA: W.B. Saunders, 1974）

運動と
呼吸器・循環器系

| 学習のポイント |

● 呼吸器・循環器系の構造と機能を理解する。
● 運動に伴う調節機能や性差について理解する。

1 運動時の呼吸調節

　生命の維持や運動の継続には酸素が不可欠です。この酸素を骨格筋などの組織に取り込む働きを担うのが肺を中心とした呼吸器です。肺にはそれ自体で膨らんだり縮んだりする能力はなく、息を吸う時には吸息筋（胸鎖乳突筋、斜角筋、外肋間筋、横隔膜、脊柱起立筋、僧帽筋）が、息を吐く時には呼息筋（内肋間筋、外腹斜筋、内腹斜筋、腹横筋、腹直筋、横隔膜）が使われ、胸郭の拡大・縮小をしながら肺を伸張することで呼吸が行われています（**図10**）。これらの呼吸筋はトレーニングによって機能が改善することが知られています。

　安静時の場合、1回の呼吸によって肺に出入りする空気の量（一回換気量）は約400～500mL、呼吸数は約12～18回/分になり、毎分換気量はおよそ4.8～9L/分になります。運動時には換気量が増加し、最大運動負荷時には安静時の15～20倍の空気を身体に取り込むことになります。毎分換気量は運動強度の漸増に伴って疲労困憊に至るまで増加し、最大換気量は、成人男性でおよそ100～120L/分、成人女性では80～100L/分となります。この最大換気量は持久性トレーニングにより増加し、200L/分程度まで到達するアスリートもいます。

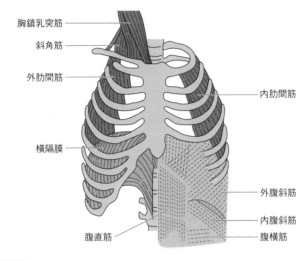

吸息筋
息を吸う時に使う筋肉

呼息筋
息を吐く時に使う筋肉

胸鎖乳突筋
斜角筋
外肋間筋
横隔膜
腹直筋

内肋間筋

外腹斜筋
内腹斜筋
腹横筋

図10 呼吸筋

2 運動時の循環調節

　酸素を全身に運んでいるのが心臓や血管といった臓器です。1分間あたりの心臓の拍動回数を心拍数、左心室が1回の拍動で動脈に送り出す血液量を1回拍出量といい、心拍出量（心拍数×1回拍出量）は中心循環および心臓ポンプ機能を示す指標となります。安静時心拍数は60〜80拍/分程度、成人男性における1回拍出量は60〜80mL、成人女性は1回拍出量60〜70mLであり、心拍出量は4〜6L/分程度となります。

　運動中は活動筋により多くの血液と酸素を送るため、心拍出量が増えます。また同時に内臓などの血液量を減らして、活動筋に血液を配分するように血流の再配分が行われます。この血流再配分により各臓器に必要な血液が適切に供給され、運動を継続することが可能になります（**図11**）。

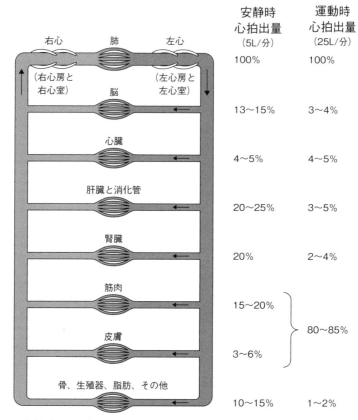

	安静時 心拍出量 （5L/分）	運動時 心拍出量 （25L/分）
肺	100%	100%
脳	13～15%	3～4%
心臓	4～5%	4～5%
肝臓と消化管	20～25%	3～5%
腎臓	20%	2～4%
筋肉	15～20%	80～85%
皮膚	3～6%	
骨、生殖器、脂肪、その他	10～15%	1～2%

図11　安静時および運動時における血流配分

（小澤瀞司，福田康一郎　総編集，本間研一，大森治紀，大橋俊夫　編集，標準生理学，第7版，医学書院，2009）

3 最大酸素摂取量

　肺から体内に取り込まれる酸素量のことを酸素摂取量といいます。酸素摂取量は心拍出量と動脈血と静脈血の酸素含有量の差（筋組織で抜き取られた酸素の量）の積によって求められます（**図12**、フィックの法則）。運動時には必要な酸素を体に取り込むため、酸素摂取量は運動強度に伴って増加します。疲労困憊まで有酸素運動を続けた時の最大の酸素摂取量を最大酸素摂取

量（VO₂max, mL/kg/分）といい、有酸素性作業能力（持久力）の評価指標として用います。つまり、最大酸素摂取量は、心臓、呼吸、筋それぞれの機能の影響を受けて決まります。若年成人男性の最大酸素摂取量は体重あたり約40mL/kg/分、若年成人女性では約33mL/kg/分です。この最大酸素摂取量は持久性トレーニングや高強度間欠性トレーニング等によって向上し、持久性アスリートでは70mL/kg/分を超える人もいます。

図12　最大酸素摂取量の規定因子

4 運動に対する循環器系の適応

　運動トレーニングによる循環器系の適応の最たる例がスポーツ心臓と呼ばれる心肥大です。スポーツ心臓には左心室の内腔が拡大し心室筋の肥厚がみられる遠心性心肥大と、左心室の心筋の肥厚がおきる求心性心肥大の二つのタイプに分けられます。遠心性心肥大は主に持久系アスリートにみられ、運動中の1回拍出量と最大心拍出量が増加することにより最大酸素摂取量が増大します。一方、求心性心肥大は主にレジスタンス系アスリートでみられ、レジスタンス運動中の高い血圧に対して必要量の血液を送り出す機能を果たします。

　血管も心臓同様に持久性トレーニングを行うと伸展性が増す（柔らかくなる）ことも知られています。また、安静時心拍数も持久系トレーニングによって低下し、いわゆる徐脈になるアスリートも多いです。これは、心臓交感―副交感神経バランスが心臓副交感神経系優位にシフトすることにより起こります。

05

運動と内分泌系

| 学習のポイント |

● ホルモンの作用機序や調節機能について理解する。
● 各種ホルモンの運動反応について理解する。

1 内分泌系とは

　内分泌系は、ホルモンを介して行われる生体内の調節機構を指します。ホルモンは内分泌組織から分泌され、血液を通じて標的細胞へ運搬されます。標的細胞は、各ホルモンに対して特異的な受容体をもち、この受容体とホルモンの結合により生理作用が引き起こされます（**図13**）。例えば、インスリンの場合には、膵臓から分泌され、骨格筋細胞にあるインスリン受容体と結合します。それによって、血液中のグルコースが骨格筋に取り込まれて血糖値が下がります。ホルモンがもたらす作用の強さは、ホルモンの血中濃度や活性受容体の数に依存します。女性の場合には、月経周期によってエストロゲンやプロゲステロンの濃度が大きく増減するため、それに伴い各組織の働きに影響を与えます。

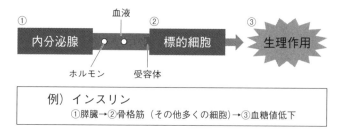

図13　ホルモンの作用機序

2 ▷ ホルモン分泌の調節

　ホルモン分泌の命令は、上位ホルモンから下位ホルモンへと階層的に支配されています。視床下部はホルモン調節の中枢であり、体内の状態を監視し、分泌量を調節します。例えば、血中のホルモン濃度が低下した場合、視床下部は内分泌腺や組織に指令し、ホルモンの分泌を促します。逆に、ホルモン濃度が高くなりすぎると、視床下部は分泌を抑制する指令を送ります。このような調節のしくみをフィードバック機構といいます（**図14**）。

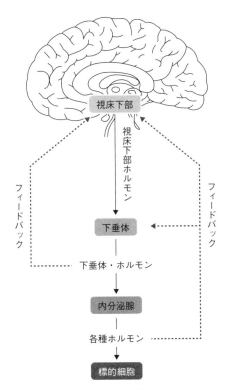

図14　ホルモン分泌の調節

生体内には多くの種類のホルモンが存在しますが、それぞれの分泌量のバランスを保ち、恒常性が維持されることによって健康を保つことができます。

3 運動反応

　運動中は骨格筋に多くのエネルギー供給が必要となります。そのため、心拍数の増加やエネルギー源の分解を促進する作用をもつホルモンの分泌量が増加します。その代表的なものとして、副腎髄質から分泌されるカテコールアミン（アドレナリン、ノルアドレナリン）があげられます。これらホルモンは、運動強度がVO_2maxの50～60％を超えるあたりから、急激に増加します（**図15**）。高強度の運動は、身体の内部環境を崩すほどの大きな刺激となりますが、ホルモンの働きによって恒常性が保たれるように調節されています。しかし、無月経のアスリートでは、運動刺激に対する反応が鈍くなり、高強度でもアドレナリンやノルアドレナリンが十分に分泌されないことが報告されています。アスリートは高強度のトレーニングを必要とするため、ホルモン調節機能が低下しないように健康を維持しながら、練習に取り組むことが大切です。

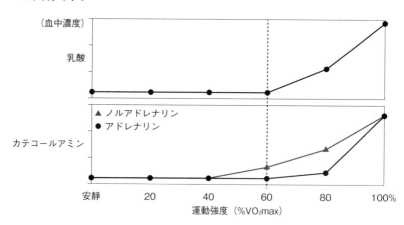

図15　運動時のホルモンの変化

月経周期と
運動パフォーマンス

│ 学習のポイント │

● 月経周期に伴う運動パフォーマンスの変化について理解する。

1 　正常月経周期と運動パフォーマンス

　月経周期とパフォーマンスの関係性をまとめた研究報告では、月経期のパフォーマンスが他の月経周期の時期に比べわずかに低下することが示されています。また、持久系アスリート140名を対象としたアンケート調査では、

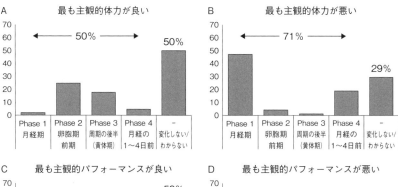

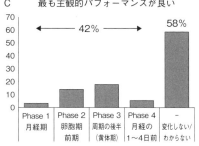
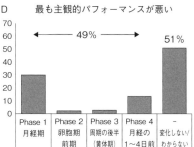

図16　月経周期と主観的体力とパフォーマンスの評価
〔Soli et al., Int J Sports Physiol Perform, 2020〕

月経期において、50%近くが「最も主観的体力が悪い」、約30%が「最も主観的パフォーマンスが悪い」と回答しています（**図16**）。しかし、月経周期とパフォーマンスに関して、月経周期の測定時期や運動種目、運動強度の違いなどを詳細に検討した報告は少なく、一般的な指針は示されていないのが現状です。

　月経周期は、卵巣ホルモンの複雑な相互作用によって調節されています。このため、卵巣ホルモンの変動が筋力や持久力など実際のパフォーマンスにどのように影響しているかは十分に明らかになっていません。運動パフォーマンスは身体的、技術的、戦術的、心理的など様々な要素から構成されていることから、月経周期がパフォーマンスにおよぼす影響を理解するためには、月経周期に伴う様々な要素の影響や個人差等を総合的に考慮する必要があります。

2　月経随伴症状と運動パフォーマンス

　敏捷性を評価する25m方向変換走において、卵胞期や黄体期に比べ月経期のタイムが遅くなることが報告されています。これは月経期に下腹部痛を訴える選手が多く、月経随伴症状が動きやタイムに影響したと考えられています。そのほか、最大跳躍力のような筋パワーは月経随伴症状を伴わない場合、月経周期の時期で違いがみられないことが示されていますが（**図17左図**）、月経随伴症状を伴う場合、卵胞期に比べ月経期に低下することが示されています。（**図17右図**）

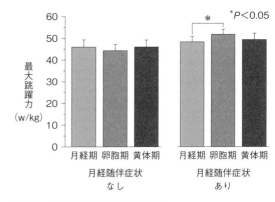

図17　月経周期と最大跳躍力
(Giacomoni et al., Med Sci Sports Exerc., 2000)

3 月経周期異常と運動パフォーマンス

　利用可能エネルギー不足に伴う月経周期異常は、運動パフォーマンスやトレーニング効果に影響する可能性があります。ある研究報告では、ナショナルレベルの競泳選手を対象に12週間の強化トレーニングを実施し、正常月経者と月経異常者の2群に分け水泳パフォーマンス（400mタイムトライアル）を評価しました。その結果、12週間のトレーニング距離に違いはないにもかかわらず（**図18左**）タイムトライアルにおける泳速度は、正常月経周期者では8.2％向上したのに対し、月経周期異常者では−9.8％低下しました（**図18右**）。これは、月経周期異常者が慢性的な利用可能エネルギー不足により低代謝状態であったためと考えられます。また、月経周期異常者においてはレジスタンス運動時の成長ホルモンなどのホルモンの反応性が低くなり、分泌量が少なくなることが示されています。したがって、運動パフォーマンス向上および改善を狙うためには、正常月経周期を保ちながら運動トレーニングを行うことが重要です。

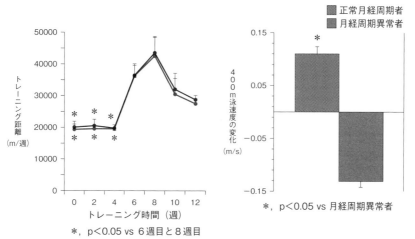

図18　正常月経周期者と月経周期異常者の水泳パフォーマンス
（Venheest et al., Med Sci Sports Exerc., 2014）

女性の身体の悩みについて
専門医にアクセスしやすい
体制づくりを

スポーツにおける女性活躍を競技者・教育者・研究者など様々な立場から支えてきた四者による初の座談会。1252プロジェクトリーダー伊藤華英が司会を務め、座談前半となる本項では女性が抱える健康課題である生理について語りました。

室伏広治
スポーツ庁長官

室伏由佳
順天堂大学スポーツ健康科学部 准教授／
陸上競技オリンピアン

能瀬さやか
ハイパフォーマンススポーツセンター 国立ス
ポーツ科学センター スポーツ医学・研究部
スポーツクリニック婦人科医師

伊藤華英
競泳オリンピアン／一般社団法人スポーツ
を止めるな理事・1252プロジェクトリーダー

女子アスリートを取り巻く環境と課題

伊藤 「1252エキスパート」検定にあたって、現在の問題点や課題、女子アスリート支援の目指す方向について伺いたいと思います。室伏長官、女子アスリートの環境、課題などをお聞かせください。

室伏（広） オリンピック、パラリンピック、各国際大会で女子アスリートの活躍は目を見張るものがあります。それに伴って女性の身体の問題、健康への意識も社会全体で高まってきたと思います。

　スポーツ庁も中高生を中心に若い世代から女子アスリート特有の健康問題への意識改革ができるよう、また指導者のプログラムも充実させ継続する必要があると考えています。

室伏（由） 24年ほどの競技生活で婦人科トラブルに何度も直面しましたが、20年前の2000年代はまだ情報が乏しくとても苦労しました。兄と父（室伏重信氏）たちと支え合いながら乗り越えられたものの、女性の身体、自分の身体について知識が少なかったと反省しています。

　情報をどこで、どのタイミングで、選手自身が得て活かすか。引退後の人生は長く、そこからの健康こそ選手の時に考えるべきだったと身に染みて感じます。大学で教鞭をとっていますので、教育面でも若い年代から良いアプローチをしてリテラシー（理解力）を啓発したいです。

伊藤 由佳さんは現役時代にご病気、投薬、手術もされました。そのときのお話を伺えますか。

室伏（由） 中学生で初潮を迎えましたが、身体の変化、例えばむくみやすい、部活前に体調が悪い、不快感といった不調とずっと付き合うんだと思っていました。

　指導者側も女性の自己管理に任せているので中、高、大と月経痛がひどくなっていたのに私も

室伏由佳
陸上競技生活で数々の婦人科トラブルに直面した経験から、現在は大学をはじめ、ライフワークとして月経リテラシー啓発を含む教育に取り組む

自己判断してしまい相談する機会もなく、婦人科には行きませんでした。女性が婦人科に行くには勇気がいりましたから。アテネオリンピック（2004年）の前年、症状が悪化し、子宮内膜ポリープと診断を受け五輪選考会3カ月前に除去しました。これで改善されるとほっとしたのもつかの間、今度は月経前の不調が悪化、選考会と月経が重ならないように中用量ピルを使い月経を移動させたんです。

室伏（広） いまの話で、良い先生にめぐり合えて治療によって対処ができたのはよかったと思っています。経験は女性特有のものですが、生理の話に限らず、自分の身体を自分が正確に把握し、不調に対処するのは男女関係なく大きな意味でコンディショニングと捉える必要があります。

室伏広治
ハンマー投のアジア記録・日本記録保持者であり、アスリートのパフォーマンス向上に関する研究に精通している

　どこで、どういう情報を得られるのか、探す方だけではなく提供する側の体制も必要です。

医療の立場からみる女性の健康と
アスリートのコンディショニング

伊藤 能瀬先生は今のお話、どう思いますか。

能瀬さやか
JISSで女子アスリートの月経課題を明らかにし、東大病院での「女性アスリート外来」の開設など、日本における支援体制に貢献

能瀬 子宮内膜ポリープによって月経の量が多くなり貧血を起こすケースもあります。月経関連でみられる体調不良等の対策について、どこで、どういう情報が得られるのかを情報提供していくとともに、コンディショニングの一環として月経対策が重要であることを指導者の方に理解していただきたいと思います。

　由佳さんもPMS（月経前の様々な不調の症候群）があり、当時もっと情報があれば早めに色々な治療ができたかもしれません。

伊藤華英
競泳選手として月経課題に向き合った経験から、1252プロジェクトリーダーとして主に10代に向けた啓発・教育活動を推進している

室伏（由） 国立スポーツ科学センター（JISS）が立ち上がり、能瀬先生が中心となって女性選手支援のエビデンス（実証的データ）も集まりました。これをトップから中高生、指導者の皆さんにどう届けていくか、もっと気軽にアクセスするためにはどんな方法があるかが重要です。私も知識がありドクターと連携できれば、適切なホルモン療法を受け、月経トラブルも防止していきたいと思います。

室伏（広） 女性の健康とアスリートのコンディショニングは一体として考えるべきではないでしょうか。トップアスリートに情報を限定せず、小中高の部活に情報を浸透させてそれが将来の育成につながる。

能瀬 はい、そう思います。月経痛があると、鎮痛剤で対応する選手、それを勧める保護者もいますが、10代で月経痛が強い場合は鎮痛剤ではなくてホルモン製剤を使って月経困難症の治療を行うことは、由佳さんが経験された子宮内膜症の予防にもつながります。

　女性の健康とアスリートとしてのコンディショニングを両面から考えて、本人、指導者はどこに、どう情報を求め、専門医が提供できるか、指導の現場とともに考えたいと思います。

（特別収録④に続く）

構成・文／スポーツライター・増島みどり

chapter 4

女子アスリートの食事を正しく知る—栄養学—

利用可能エネルギー不足に伴う無月経や過多月経による貧血など、

女子アスリートにみられる健康課題があります。

女子アスリートが、コンディションを良好に保ち、

競技に適した体組成を獲得・維持するためには、

適切な食事が重要となります。

この章では、女子アスリートに起こりやすい

疾患の予防と改善のための食事指導について学びます。

食事の基本

| 学習のポイント |

● 女子アスリートにおける食事の基本と自身の必要量を理解する。
● 個人におけるエネルギーと栄養素の必要量を把握する。

1 基本の食事のかたち

　日々トレーニングを行うアスリートは、日常の体づくり、また種々の障害の予防・改善のために、毎日の食事から必要なエネルギーおよび栄養素を偏りなくとることが重要です。

　生命維持・生活活動の源となるエネルギーは、炭水化物（糖質）、脂質、たんぱく質の三つの栄養素から得られます。ビタミン・ミネラルは、エネルギーやその他の代謝反応のほか、歯や骨の形成、酸素の運搬を助けたりする一方、骨や体液の成分にもなります。

　必要なエネルギーおよび栄養素をバランスよくとるために、心がけたいのは「基本の食事のかたち」です。次の①～⑤を毎食そろえることを心がけましょう（**図1**）。

①主食（ご飯、パン、麺類など）
②主菜（肉、魚介類、卵、大豆・大豆製品など）
③副菜（野菜、芋、きのこ、海藻など）
④牛乳・乳製品（牛乳、ヨーグルト、チーズなど）
⑤果物（かんきつ類、いちご、バナナなど）

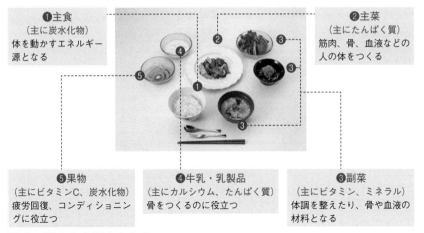

図1　基本の食事のかたち

❶主食
（主に炭水化物）
体を動かすエネルギー源となる

❷主菜
（主にたんぱく質）
筋肉、骨、血液などの人の体をつくる

❺果物
（主にビタミンC、炭水化物）
疲労回復、コンディショニングに役立つ

❹牛乳・乳製品
（主にカルシウム、たんぱく質）
骨をつくるのに役立つ

❸副菜
（主にビタミン、ミネラル）
体調を整えたり、骨や血液の材料となる

（高井恵理 他，女性アスリートのための栄養・食事ガイドブック，日本スポーツ振興センターハイパフォーマンスセンター，2022）

2 推定エネルギー必要量

　一日のエネルギー必要量（推定エネルギー必要量）は、年齢や性別、体格、運動量によって異なります。以下の式から計算できます。

①基礎代謝量を求める

基礎代謝基準値×体重（kg）＝基礎代謝量 　A　 （kcal/日）

基礎代謝基準値（女性）　　　　　　　　　　　　　　　（kcal/体重 kg/日）

8-9歳	10-11歳	12-14歳	15-17歳	18-29歳	30-49歳
38.3	34.8	29.6	25.3	22.1	21.9

※基礎代謝：生きていくのに必要な最小のエネルギー代謝
（厚生労働省，日本人の食事摂取基準2020年版）

②身体活動レベルを選ぶ（どれだけ活動しているか）

	8-9歳	10-11歳	12-14歳	15-17歳	18-29歳	30-49歳
低い（Ⅰ）	1.40	1.45	1.50	1.55	1.50	1.50
普通（Ⅱ）	1.60	1.65	1.70	1.75	1.75	1.75
高い（Ⅲ）	1.80	1.85	1.90	1.95	2.00	2.00

※身体活動レベル：低い（Ⅰ）は座位の生活が中心の場合。普通（Ⅱ）は座位中心＋日常の歩行か
　軽いスポーツがある場合。高い（Ⅲ）はスポーツなど活動量が多い場合。
（厚生労働省，日本人の食事摂取基準 2020年版）

③１日の推定エネルギー必要量を求める

基礎代謝量 | A |(kcal/日)×身体活動レベル＋エネルギー蓄積量※(kcal/日)＝推定エネルギー必要量(kcal/日)

エネルギー蓄積量（女性）(kcal/日)

8-9歳	10-11歳	12-14歳	15-17歳
30	30	25	10

※17歳までは、成長に伴う組織増加分
　としてエネルギーを加算します

（厚生労働省，日本人の食事摂取基準 2020年版）

例 15歳、女性、体重50kg、運動部の練習を平均１日２時間行い、活動的に過ごしている場合：
　基礎代謝量：25.3×50kg＝1265kcal/日
　推定エネルギー必要量：1265kcal×1.95＋10kcal≒2477kcal/日

3 エネルギー産生栄養素（三大栄養素）の必要量

　エネルギー産生栄養素（三大栄養素）とは、エネルギー源となる「炭水化物」、「脂質」、「たんぱく質」を指します。炭水化物は消化・吸収されエネルギー源となる糖質と、消化・吸収されない食物繊維に分けられます（**図2**）。

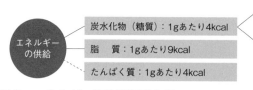

糖質：消化・吸収され、主な
　　　エネルギー源となる

食物繊維：消化・吸収されない

各kcal表記は、体内で1gあたりに
生み出されるエネルギーです。

図2　エネルギー産生栄養素とは

（1）糖質およびたんぱく質の必要量

　18歳以上のアスリートにおける糖質とたんぱく質の1日のおよその必要量（g）は、体重1kgあたりの量で考える方法があります。自分の必要量を計算し（**図3**）、**表1・2**の食品を参考にして過不足なく摂取しましょう。

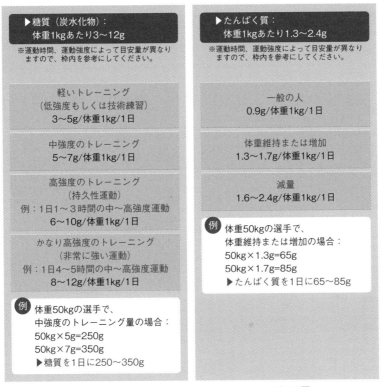

▶糖質（炭水化物）：
体重1kgあたり3〜12g
※運動時間、運動強度によって目安量が異なりますので、枠内を参考にしてください。

　軽いトレーニング
（低強度もしくは技術練習）
3〜5g/体重1kg/1日

　中強度のトレーニング
5〜7g/体重1kg/1日

　高強度のトレーニング
（持久性運動）
例：1日1〜3時間の中〜高強度運動
6〜10g/体重1kg/1日

　かなり高強度のトレーニング
（非常に強い運動）
例：1日4〜5時間の中〜高強度運動
8〜12g/体重1kg/1日

例　体重50kgの選手で、
中強度のトレーニング量の場合：
50kg×5g=250g
50kg×7g=350g
▶糖質を1日に250〜350g

▶たんぱく質：
体重1kgあたり1.3〜2.4g
※運動時間、運動強度によって目安量が異なりますので、枠内を参考にしてください。

　一般の人
0.9g/体重1kg/1日

　体重維持または増加
1.3〜1.7g/体重1kg/1日

　減量
1.6〜2.4g/体重1kg/1日

例　体重50kgの選手で、
体重維持または増加の場合：
50kg×1.3g=65g
50kg×1.7g=85g
▶たんぱく質を1日に65〜85g

図3　アスリートにおける糖質とたんぱく質の1日の必要量

（2）脂質の必要量

　脂質は、エネルギー源であり、細胞膜やホルモンの原料でもあります。脂質を減らし過ぎたり、とり過ぎたりしないよう、適度な摂取を心がけましょう（**表3**）。

表1　糖質を多く含む食品

食品・料理名	穀類							芋類	果物		その他
	ご飯(おにぎり1個)	ご飯(茶碗1杯)	食パン(6枚切り)	もち(切り餅)	うどん(ゆで)	スパゲッティ(ゆで)	コーンフレーク	じゃが芋	100%オレンジジュース	バナナ	エネルギーゼリー
1回量	100g	150g	1枚／60g	1個／50g	1玉／200g	1人前／200g	1人前／40g	1個／100g	1杯／200g	1本／100g	1個／180g
エネルギー(kcal)	156	234	149	112	190	300	152	59	92	93	180
糖質(g)	34.6	51.9	26.5	25.4	39.0	57.0	32.9	8.5	22.0	21.1	45.0

表2　たんぱく質を多く含む食品

食品・料理名	肉・魚	卵	大豆製品		乳製品			穀類	
	肉・魚	卵	納豆	豆腐	普通牛乳	プレーンヨーグルト	プロセスチーズ	ご飯(茶碗1杯)	食パン(6枚切り)
1回量	1切れ／100g	1個／50g	1個／40g	100g	1杯／200g	100g	1切れ／20g	150g	1枚／60g
エネルギー(kcal)	約100〜250	71	76	65	122	56	63	234	149
たんぱく質(g)	約15〜18	5.7	5.8	6.0	6.0	3.3	4.3	3.0	4.4

表3　脂質を多く含む食品

食材に含まれているもの						調理過程で増えるもの			
魚油	肉の脂身	アボカド	油	バター	マヨネーズ	揚げ物	洋菓子	ドレッシング	インスタント麺

表1-3（高井恵理 他，女性アスリートのための栄養・食事ガイドブック，日本スポーツ振興センターハイパフォーマンスセンター，2022）

02

減量

│ 学習のポイント │

●女子アスリートにおける減量の意義と減量のリスクを理解する。
●健康的に減量するための食事のとり方を身につける。
●月経周期と体重、身体組成の変化と特徴を把握する。
●体重階級制スポーツを行うアスリートの減量の留意点を理解する。

1 スポーツにおける減量の意義

　スポーツをする上で、過剰な体脂肪の重さは競技パフォーマンスに不利に働く場合があります。そのため、多くのアスリートがパフォーマンスを向上させるために、できるだけ体脂肪を減少させて筋肉を維持または増加させる体づくりを目標とします。しかし、いずれの競技においてもむやみに減量することはかえってパフォーマンスを低下させ、競技生命を脅かす危険性もあるため、慎重な判断が求められます。したがって、アスリートがベストパフォーマンスを発揮できる目標体重を見極めることは非常に大切です。一般の健康的な女性の体脂肪率の標準値は20～29％といわれています。減量前に体脂肪率がすでに低い女子アスリートは減量をするべきではありません。体重だけでなく身体組成も評価し、健康およびパフォーマンスに最適な体づくりを計画しましょう。

2 ▶ 減量と食事

　体重は、消費するエネルギーと食事から摂取するエネルギーのバランスによって増減します。エネルギー消費量がエネルギー摂取量よりも少ない時は体重が増加し、反対にエネルギー消費量がエネルギー摂取量よりも多い時には体重が減少します。したがって、減量時にはエネルギー摂取量がエネルギー消費量よりも少なくなるよう食事を調整する必要があります。しかし、生きていくために必要なエネルギーを確保できないほどエネルギー摂取量を減少させてしまう（利用可能エネルギー不足（LEA）状態）と、健康状態が悪化するだけでなく運動パフォーマンスも低下してしまうため、適度な範囲（多くても1週間に0.5〜1kg）で減量する計画を立てて、食事を調整しましょう。

　減量時の食事のポイントを**図4**に示します。肉や魚を選ぶときに脂質の少ない種類を選ぶと、必要なたんぱく質をとりながらエネルギー摂取量を減少させることができます。また、炭水化物はスポーツを行う時の主要なエネルギー源となるため、減らしすぎてしまうとパフォーマンスを低下させることにつながります。パフォーマンスを低下させないために、運動に必要な炭水化物はとるようにしてください。

①エネルギーバランス：エネルギー摂取量＜エネルギー消費量

②低脂質、高たんぱく質の主菜を選ぶ：
　低脂質の肉（ヒレ肉、モモ肉）、魚（白身魚）、豆腐などの大豆製品、低脂肪の乳製品

③主食も適度にとる：少なくてもご飯茶碗1杯程度の炭水化物

④副菜、果物を多めにとる：必要なビタミン、ミネラルを摂取、空腹感を軽減

⑤菓子類やジュース類はできるだけ控える

図4　減量時の食事のポイント

3　月経周期を考慮した減量

　正常な月経周期のアスリートでは、月経周期に伴って身体組成や燃焼する
エネルギー源が変化することがあります。よくみられる症状では、黄体期に
体に水分が貯留し、便秘になったりむくみを感じたりします。さらに、黄体
期は、エストロゲンの分泌量が多くなることによって筋グリコーゲンが溜ま
りやすく、脂質の利用が高まります。グリコーゲンが体内に蓄積されるとき
には、水分子と結合して溜まることから体重が増加しやすくなります。これ
らのことから、黄体期ではエネルギーバランスをマイナスの状態にしても体
重が減りにくいという現象が起こり、計画通りに減量しにくいことがありま
す。しかし、黄体期の間にマイナスとなったエネルギーバランスは、時間を
かけて体脂肪の減少に貢献するため、一時的な体重の増減で一喜一憂せず、
適切な範囲でのエネルギーバランスを保つことが重要です。一方、卵胞期は
水分貯留による体重増加が起こりにくいことから、エネルギーバランスをマ
イナスにすることで計画通りに減量しやすい時期であるといえます。したが
って、女子アスリートが減量をする際には、月経周期による生理学的変化を
考慮して、長期的な視点で体重と身体組成を評価していくことが減量達成の
鍵となります。

4　体重階級制スポーツの減量と留意点

　柔道、レスリング、テコンドー、空手、ウエイトリフティング、ボートな
ど、体重によって出場階級が定められる競技では、1～2週間などの短期間
に食事制限や飲水制限、発汗を促すサウナなどを利用して大幅（体重の5％
以上が目安）に体重を減少させて（急速減量）、その後試合までに回復をす
る方法が用いられることがあります。短期間に減少する体重のほとんどは体
脂肪ではなく体水分であり（**図5**）、このような減量は脱水症状になり命を
落とす危険性があります。また、急速減量を行うと、筋肉や肝臓に蓄積され

ているエネルギー源であるグリコーゲンが顕著に減少するため、パフォーマンスを低下させる恐れもあります。特に、女子アスリートが急速減量を行ったときの健康やパフォーマンスへの影響についてはわかっていない点も多いのが現状です。したがって、体重階級制スポーツを行う女子アスリートは、減量時の食事のポイント（**図4**）を参考にし、各自の月経周期による身体の変化と試合日を考慮して、時間をかけて減量する、または日常的な体重に近い階級に出場することが望ましいでしょう。もし、試合直前に炭水化物や水分を控えて急速減量を行う場合には、急速減量によって低下したパフォーマンスを回復させるために、計量後に食塩を含む水分（経口補水液やスポーツドリンク、スープ、汁ものなど）と、主食や果物、脂質の少ない和菓子（カステラ、団子など）から炭水化物を摂取して、急速減量で失われた体水分と筋グリコーゲンを回復させることが推奨されています。体重階級制スポーツの女子アスリートは、各自の体重、身体組成、試合までの日数、計量から試合までの時間を考えて、無理のない減量とリカバリーの計画を立てましょう。

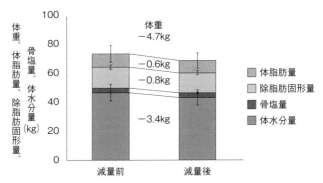

図5　急速減量による体重と身体組成の変化
(Kondo et al., Nutrients, 10, 536, 2018)

03 エネルギー不足による身体への影響

| 学習のポイント |

● 「女性アスリートの三主徴」と「スポーツにおける相対的なエネルギー不足（REDs）」の根本的な原因である、利用可能なエネルギー不足（LEA）による身体への影響を理解する。
● LEAに陥る原因を理解する。
● LEA、骨粗鬆症の予防と改善のための食事を理解する。

1 女性アスリートの三主徴とREDsを引き起こすLEA

　女子アスリートによくみられる健康問題である「女性アスリートの三主徴」は、LEAの状態が続くことによって引き起こされると考えられています（p.49参照）。「REDs」もまた、LEAの状態が続くことにより、女子アスリートのみならず男子アスリートにおいても、健康障害を引き起こし、パフォーマンスを低下させることが示されています（p.51参照）。これらはいずれもLEAの状態が続くことが要因となることから、正常な月経や骨の状態、内分泌機能、代謝状態を維持し、パフォーマンスを低下させないために「運動によるエネルギー消費量に見合った食事からのエネルギー摂取量」の重要性について警鐘を鳴らしています。

　特に、低体重や低体脂肪が求められる審美系競技（体操競技、新体操、フィギュアスケートなど）や持久系競技（陸上長距離、スキー・クロスカントリーなど）の選手では、過剰な練習によるエネルギー消費量の増加や食事制限を強いられることによるエネルギー摂取量の低下がLEAのリスクを高めることが知られています。また近年では、球技系競技（バレーボール、サッ

カーなど）や競泳の選手においても、月経周期異常を有する選手が多く見られることが報告されていることから、どんな競技においても、LEAの状態になる可能性はあると考えておくとよいでしょう。

　LEAに陥る選手の特徴として、体重に対する過度のこだわりや体形の捉え方から、ご飯などの炭水化物（糖質）を含む食品を食べないようしている、または極端に量を少なくしている、などの極端な食行動があげられます。LEAは、様々な要因が関係しています。自分の「体重・運動量・食事量」について、**図6**の項目をチェックしながら振り返ってみましょう。

STEP1

Q1：体重の変化はどうなっていますか？
□体重が減少してきている。
□長期間、低体重（BMI18.5以下）の状態である。
□体重の変動はあまりないが、トレーニング量・強度が増えてきている。

Point
一つでも当てはまる項目があった方は、LEAにならない対策が必要です。以下の質問項目にも答えてみましょう。

STEP2

Q1：体重への意識は？
□自分の体重が気になる。
□体重を減らしたいと思っている。
□体重を増やしたくないと思っている。
□自分以外のだれかに減量を勧められている。
□体重が減るとパフォーマンスが良くなると考えている。

Point
自分の体重に対する意識が正しいのか、よく考えてみましょう。

Q2：運動量は増えて（増やして）いますか？
□練習終了後や休みの日に、運動をしている（運動量が増えている）。
□体重が増えたときに、意識的に運動量を増やしている。

Point
「運動量」が意識的に増えて（増やして）いませんか？　食事量は変わっていないにもかかわらず、運動量が増えて（増やして）いる場合には、LEAの状態になる可能性があります。

Q3：食事内容・食事量は適切ですか？
□いくつか食べない（減らしている）食品や食品グループがある。
□摂食障害になったことがある。
□運動量（強度）が増えたとき、食事量を増やしていない。
□運動量（強度）が増えたとき、食事量を増やそうと努力しているが増えない。
□運動量（強度）が増えたとき、意識的に食事量を減らしている。

Point
食事に関して、誤った認識をもっていませんか？　「食事量」を増やせない、または減ってしまう原因はどこにあるでしょうか？

図6　利用可能エネルギー不足の確認項目

2　LEAの予防と改善のための食事指導

　LEAを予防・改善するためには、食事からのエネルギー摂取量を増加する、または/かつトレーニング量を減らしてエネルギー消費量を減らすことが基本となります。

　エネルギー摂取量の増加量について、アメリカスポーツ医学会では、食事からのエネルギー摂取量を最低2,000kcal/日以上とする（トレーニングによるエネルギー消費量が多い時は、さらに増やす）、もしくは、必要としているエネルギー量よりもエネルギー摂取量を20〜30％増加し、7〜10日ごとに0.5kg以上の体重増加を目標とする。利用可能エネルギーを45kcal/kg 除脂肪量/日以上にするとしています。さらに、LEAで無月経の女子アスリートは骨密度が低下するリスクが高いので骨を形成しているカルシウムとカルシウムの吸収を高めるビタミンDを不足なくとることが示されています。

　とはいえ、LEAの女子アスリートの多くは減量を目標としており、もともと少ない食事量に、アメリカスポーツ医学会が示しているエネルギー摂取量を付加することは現実的には難しいケースが多くみられます。それゆえに、管理栄養士や公認スポーツ栄養士に相談し、栄養状態を個々に評価してもらい、その結果をもとに、LEAの女子アスリートの練習・食環境、LEAに陥った背景などを考慮した上で、実現可能な栄養摂取量を設定することが重要です。栄養状態の評価項目としては、食事調査、エネルギー消費量測定、生化学検査（血液検査、骨密度など）、体組成測定、問診（疲労骨折既往歴、減量歴、練習量・強度の変化などについて確認）などがあげられます。そして、設定した栄養摂取量を「食べてもらえる」ように行動変容を起こすための対策が重要となります。また、過度な減量が利用可能なLEA原因になっている場合は、減量計画の見直しが必要になります。さらに、摂食障害を発症しているケースもあるので留意が必要です。**表4**に女子アスリートがLEAに陥る原因と対策の例を示します。

表4　エネルギー摂取量増加不良の原因と対策例

原　因	対　策
食事＋消化時間がとれない	スケジュールの見直し
食欲が落ちる	消化が良く食べやすい献立への見直し
高強度の練習をこなすために軽めの食事にする	練習前・中・後の補食の追加、水分補給でのエネルギー補給
食べきれない	量（かさ）は増やさず、高エネルギーの食品、料理を取り入れる

（東京大学医学部附属病院 女性診療科・産科，Health Management for Female Athletes. Ver3. 女性アスリートのための月経対策ハンドブック，151, 2018）

　しかしながら、管理栄養士やスポーツ栄養士に相談できる環境にない女子アスリートも多いかと思います。LEAの女子アスリートでは、運動時の主なエネルギー源である**糖質の摂取量**が不足していることが報告されていますので[1]、ここでは、栄養評価として、運動時の主なエネルギー源である糖質の摂取量を自分で確認し、増加量を概算する方法をご紹介します（**表5**）。

　まず、体重と日常的な練習時間・強度から糖質の必要量を計算します。次に、自分の食生活を振り返り、1日でとった糖質を多く含む主食と果物を書き出し、**表1**（p.134）から、糖質の摂取量を計算します。糖質の必要量から自分がとった糖質量を差し引いて、足りない糖質量を計算し、その糖質量を摂取するためにはどの食品をどれくらいとったらいいかを**表1**から選択します。しかし、あくまでも目安なので、体重の増減、月経状況などをモニタリングしながら、設定した糖質の摂取量を調整していくことが必要です。

　そして、**図1**（p.131）にある、主食、主菜、副菜、牛乳・乳製品、果物がそろった**栄養素バランスのよい食事**をとるようにしましょう。

表5 エネルギー不足を主食の量で確認

手順	例
1. 練習時間・強度から、糖質の1日の必要量を算出する（p.133 図3）	体重50kg、練習時間3時間/日、高強度の練習 →1日の糖質の必要量 　50kg ×6～10g＝ 300～500g
2. 1日の食事でとった糖質を多く含む主食と果物などを記録し、糖質量を計算する（p.134 表1）	<table><tr><td></td><td>食べた主食</td><td>量</td><td>糖質量</td></tr><tr><td>朝食</td><td>食パン</td><td>1枚（60g）</td><td>26.5g</td></tr><tr><td>昼食</td><td>ご飯</td><td>1杯（150g）</td><td>51.9g</td></tr><tr><td>夕食</td><td>ご飯</td><td>1杯（100g）</td><td>34.6g</td></tr><tr><td>捕食</td><td>バナナ</td><td>1本（100g）</td><td>21.1g</td></tr><tr><td colspan="3">合計</td><td>134.1g</td></tr></table>
3. 糖質を必要量とるには、なにをプラスするか（p.134 表1）から選択する	たりない糖質量 →300～500g－134.1g＝<u>165.9～365.9g</u> 　　　　　　　　　　　　　　　↓ 〈165gの糖質をプラスするには〉 ご飯150gが約3杯必要

3 骨粗鬆症の予防と改善のための食事指導

　骨粗鬆症とは骨量が減少し、骨がもろくなり骨折しやすくなった状態のことをいいます。カルシウムは、体重の1～2％を占め、その99％は骨や歯に存在しています。カルシウムの摂取量が不足すると、骨に蓄えられていたカルシウムが血液中に溶出することで骨量が減少し、その結果、骨粗鬆症を引き起こします。また、カルシウムは吸収率の低い栄養素の一つであり、食事でとったカルシウムがすべて体内に吸収されるわけではありません。ビタミンDは、カルシウムを骨に運び、カルシウムが骨に沈着するのを助ける働きをもっています。したがって、じょうぶな骨や歯の形成には、ビタミンDの摂取も欠かせません。

女性の年齢別および妊娠期・授乳婦ごとに、1日に必要な「カルシウム」の推奨量、「ビタミンD」の目安量を**表6**に示します。特に、カルシウムの必要量が人生の中で一番多いのは、中学生（12～14歳）であり、この時期は骨密度の増加率が最も大きく、20歳ごろまでに最大骨量を迎えることから、LEAの状態にならないことに加えて、カルシウムやビタミンDの十分な摂取が重要となります。

表6　女性のカルシウムの推奨量、ビタミンDの目安量

年齢等	カルシウム（mg/日）	ビタミンD（μg/日）
8～9（歳）	750	6.0
10～11（歳）	750	8.0
12～14（歳）	800	9.5
15～17（歳）	650	8.5
18～29（歳）	650	8.5
30～49（歳）	650	8.5
妊娠初期	＋0	8.5
妊娠中期	＋0	8.5
妊婦後期	＋0	8.5
授乳婦	＋0	8.5

（厚生労働省，日本人の食事摂取基準 2020年版）

「カルシウムを多く含む食品」、「ビタミンDを多く含む食品」を**表7・8**に示しました。小魚は骨ごと食べることができるほか、さくらえびやしらす干しは料理に混ぜたり、トッピングするなどして活用できます。脂質の摂取が気になる女子アスリートは、低脂肪の牛乳やヨーグルトを選ぶことで脂質の摂取を控えつつ、カルシウムを摂取することができます。また、スキムミルクは脂肪が少なく、保存性も良い食品です。ピラフや挽き肉料理、ポテトサラダ、汁ものなどに加えて手軽にカルシウムの摂取をアップすることができます。自身の日常の食事を振り返り、摂取できていない食品があれば、積極的にとるように心がけましょう。

表7　カルシウムを多く含む食品

食品・料理名	乳製品				魚介類			大豆製品		
	普通牛乳	プレーンヨーグルト	プロセスチーズ	スキムミルク	いわし丸干し	からふとししゃも	さくらえび（干）	納豆	豆腐	厚揚げ
1回量	1杯／200g	100g	1切れ／20g	大さじ2杯／12g	1-2尾／50g	2尾／50g	大さじ1杯／2.5g	1個／40g	100g	100g
エネルギー（kcal）	122	56	63	42	89	80	7	76	65	143
カルシウム（mg）	220	120	130	130	220	180	50	36	84	240

食品・料理名	野菜類				その他	
	モロヘイヤ	小松菜	チンゲン菜	切干大根（乾）	ひじき（乾）	いりごま
1回量	60g	80g	100g	10g	大さじ1杯／5g	小さじ1杯／3g
エネルギー（kcal）	22	10	9	28	9	18
カルシウム（mg）	160	140	100	50	50	36

表8　ビタミンDを多く含む食品

食品・料理名	魚介類							きのこ		
	鮭	さんま	いわし丸干し	まがれい	まかじき	ぶり	しらす干し（ちりめんじゃこ）	きくらげ（乾）	干ししいたけ	まいたけ
1回量	1切れ／80g	1尾／100g	1-2尾／50g	小1尾／100g	1切れ／100g	1切れ／80g	大さじ2杯／10g	2枚／2g	2個／6g	50g
エネルギー（kcal）	99	287	89	89	107	178	19	4	15	11
ビタミンD（μg）	25.6	16.0	25.0	13.0	12.0	6.4	6.1	1.7	1.0	2.5

表7、8（高井恵理 他，女性アスリートのための栄養・食事ガイドブック，日本スポーツ振興センターハイパフォーマンスセンター，2022）

女子アスリートの食事を正しく知る―栄養学―

04

貧血

| 学習のポイント |

● 女子アスリートの貧血の特徴について知る。
● 鉄欠乏性貧血の予防と改善のための食事について知る。

1 女子アスリートと貧血

（1）貧血とは

　これまでに女子アスリートの貧血および鉄欠乏の発生頻度が高いことが報告されています。2012年に開催されたロンドンオリンピックに出場したアスリート132名に対して行った「女性特有の問題で競技に影響を及ぼしたことは何ですか？」というアンケート調査結果[1]があります。月経による体調不良36.7%、月経痛27.8%と月経に関する問題が競技に影響をおよぼしたと回答している選手が多く、次いで、貧血15.2%と貧血が競技へ影響をおよぼしたと回答しているトップアスリートも多くみられました。

　貧血とは、血液中のヘモグロビン濃度が低下した状態です。ヘモグロビンは鉄（ヘム）とたんぱく質（グロビン）で構成されています。血液中の赤血球に含まれる赤い色素のことです。主な働きは酸素を身体の各組織に運ぶことです。体内の鉄が不足すると、身体に酸素を運搬する「ヘモグロビン」が減少し、貧血（鉄欠乏性貧血）になります。鉄欠乏性貧血の症状は、めまいや立ちくらみ、頭痛、疲労感などがあげられます。アスリートの場合は、練習や試合時のパフォーマンスにも影響をおよぼします。

　女子アスリートの体内鉄の不足の原因は、月経血による鉄損失、食事からの鉄摂取量の不足、筋量の増加や成長期では鉄需要の増大も考えられます。

特に体重が軽いほうが有利とされる競技種目の選手では、エネルギー摂取量が少なく、相対的に鉄の摂取不足がみられ、利用可能なエネルギー不足だけではなく、他の様々な栄養素の不足も同時にみられます。利用可能なエネルギー不足の状態で運動を継続すると鉄欠乏性貧血や鉄欠乏になる可能性が高まります。鉄をはじめとした各栄養素の摂取を考える前に適切なエネルギー摂取となっているのかどうかを確認することが必要です（貧血については p.79参照）。

（2）定期的な血液検査

　鉄欠乏性貧血では、ヘモグロビン濃度が低下する前段階として、貯蔵鉄と血清鉄が減少します。運動能力が低下する前に危険信号を把握できるため、医師に相談して定期的な血液検査を受けることをお勧めします。

・鉄欠乏の段階

第一段階
貯蔵鉄（フェリチン）の減少

第二段階
貯蔵鉄（フェリチン）の減少・血清鉄の低下

⎫ 潜在性鉄欠乏

第三段階
ヘモグロビンの低下→鉄欠乏性貧血

⎫ 鉄欠乏性貧血

（3）食生活の現状把握

　食生活の現状を振り返って把握するため、何を、いつ、どのくらい食べているのか、食事日記をつけるとよいでしょう。下記の項目を参考に自分の食生活の現状を把握することで、改善点を把握することができます。

・欠食はしていませんか？
→欠食すると摂取するエネルギーと栄養素が不足する可能性が高くなります。

・主菜を毎食食べていますか？

→血液をつくる材料となるため、毎食食べましょう。

・野菜・果物を毎食食べていますか？

→ビタミン・ミネラルを含み鉄の吸収を高めます。

2 鉄欠乏性貧血の予防と改善のための食事指導

（1）鉄欠乏性貧血の予防と改善のための食事

　食事から摂取した鉄は体内に取り込まれる量がとても少ないため、鉄の吸収を促進するビタミンCと一緒に摂取することをお勧めします。**表9**に女性の年齢別および妊娠期・授乳婦ごとに、1日に必要な「鉄」、「ビタミンC」の推奨量を示します。

表9　女性の鉄とビタミンCの推奨量

年齢等	鉄（mg/日）		ビタミンC（mg/日）
	月経なし	月経あり	
8〜9（歳）	7.5	―	70
10〜11（歳）	8.5	12.0	85
12〜14（歳）	8.5	12.0	100
15〜17（歳）	7.0	10.5	100
18〜29（歳）	6.5	10.5	100
30〜49（歳）	6.5	10.5	100
妊婦初期	+2.5		+10
妊婦中期	+9.5		+10
妊婦後期	+9.5		+10
授乳婦	+2.5		+45

（厚生労働省 日本人の食事摂取基準 2020年版より抜粋）

　成長期である10〜14歳で12.0mg（月経ありの場合）と、エネルギーやカルシウムと同様に成長期の年代で鉄の推奨量が多くなっています。成長期

は、筋肉や内臓、血液などの体組織をつくるために多くの鉄が必要になります。さらに女性は月経によって一定量の鉄の体外排出があります。そこで、成長期では特に毎日の食事を毎食欠かさず食べることが大事です。

　女性は、月経血による鉄の損失と妊娠・授乳中の需要増大が必要量に大きく影響をおよぼすためライフステージに合わせてとるべき量は異なります。以下の**表10**，**図7**を参考に、必要な鉄やビタミンCをとるようにしましょう。

表10　鉄を多く含む食品

食品・料理名	肉類		魚介類			卵
	豚レバー	牛もも肉（輸入牛）	かつお	まぐろ赤身	あさり水煮	卵
1回量	60g	80g	80g	80g	20g	1個／50g
エネルギー（kcal）	68	118	120	70	20	71
鉄（mg）	7.8	1.9	1.5	1.4	6.0	0.8

食品・料理名	大豆製品				野菜類		その他
	納豆	豆腐	厚揚げ	豆乳	小松菜	ほうれん草	いりごま
1回量	1個／40g	100g	100g	1杯／200g	80g	80g	小さじ1杯／3g
エネルギー（kcal）	76	64	143	126	10	14	18
鉄（mg）	1.3	1.4	2.6	2.4	2.2	1.6	0.3

（高井恵理 他，女性アスリートのための栄養・食事ガイドブック，日本スポーツ振興センターハイパフォーマンスセンター，2022）

図7 ビタミンCを多く含む食品

根菜類　緑黄色野菜　芋類　かんきつ類　キウイフルーツ　いちご　柿

（2）鉄欠乏性貧血の予防と改善のための食事指導

　アスリートの基本的な食事のかたちをそろえることを前提として、以下のポイントを意識しましょう。

①1日の摂取エネルギーを適正に	
②魚介・肉類の継続的な摂取（主菜）	鉄、たんぱく質、ビタミンB_6
③緑黄色野菜の積極的な摂取（副菜）	鉄、ビタミンB_{12}、たんぱく質、ビタミンC
④大豆・大豆製品を意識的に摂取（もう1品）	鉄、たんぱく質

※ビタミンB_6とビタミンB_{12}はヘモグロビンの合成を助ける働きをもつ栄養素
（高井恵理 他，女性アスリートのための栄養・食事ガイドブック，日本スポーツ振興センターハイパフォーマンスセンター，2022）

参考文献

1　小清水孝子，産婦人科医による「エネルギー不足」改善に向けての栄養指導方法の提案，日本産科婦人科学会雑誌，68（4）付録：16-24，2016

女子アスリート支援に向けて スポーツ界とドクター、 研究との連携を

女子アスリートのコンディショニングを支援していくためにはどのような体制が必要か。座談会の後半となる本項では、身近な指導者が知識を持つためにも、スポーツの現場と研究、国全体が連携して健康をサポートする社会をつくる大切さを考えました。

室伏広治
スポーツ庁長官

室伏由佳
順天堂大学スポーツ健康科学部 准教授／
陸上競技オリンピアン

能瀬さやか
ハイパフォーマンススポーツセンター 国立スポーツ科学センター スポーツ医学・研究部スポーツクリニック婦人科医師

伊藤華英
競泳オリンピアン／一般社団法人スポーツを止めるな理事・1252プロジェクトリーダー

女子アスリートのサポートのために
知っておきたい日本の現状と可能性

伊藤　月経を中心とした女子アスリートのコンディショニングについて、選手の近くにいる指導者に知識を持っていただければ、選手の知識も深める結果につながります。

室伏（広）　選手が情報に気軽に触れられる機会や場所の連携を強化し、専門医の診断も受けられる体制づくりをスポーツ庁も第3期のスポーツ基本計画で取り上げています。また、部活動が地域のスポーツに移行する過渡期に、地域でも指導者、中高生を中心に知識を得て専門医に日常的に相談できる形をつくりたいと思っています。

　能瀬先生のように、スポーツに対して理解と造詣を深めてくださっているドクターは多くいらっしゃるので、意識改革に臨める良い機会だと捉えています。思春期には、練習過多、体重の減少によって無月経になるケースも問題です。競技寿命は延びていますので、無月経を長く放っておくと「競技をやめさえすれば好転するだろう」といった誤った知識を広め、ずっと苦労する結果にもなる。

室伏広治
医科学の知見を共有し、女性が安心してスポーツに参加できる環境整備を行うことで、長いスパンで誰もが競技・スポーツと親しめる未来を描く

　こうした医科学の水準も東京オリンピックや国際大会で試されてきたわけです。スポーツをするうえでの安心、安全もレガシーにしていかなくてはなりません。生理に限らず多くの視点で女子アスリートのスポーツライフを支援できれば、社会にも好影響をもたらし国を挙げて取り組む意味があります。

能瀬　女子アスリートの健康問題について産婦人科医がメインで取り組んでいる国は実は世界的には少ないんです。2014年には女性アスリート健康支援委員会を設立し、女子アスリート支援に協

能瀬さやか
例えば月経痛を我慢している時点で競技に集中する妨げになっているため、競技レベルに関係なく、特に10代のうちから迷ったら婦人科で相談してほしいと話す

力してくださる全国の産婦人科医1500名を登録しています。産婦人科医、女性の専門医が中心の形は日本の大きな強みであり特徴でもあります。

この支援をもっと広め、長官がおっしゃる社会への良い影響、例えば、企業でも女子の働く環境づくりにも、スポーツ界が培ってきた知見を広められると思います。日本は、女子アスリートをサポートできる世界有数の国になる可能性を持っています。

室伏（由） 若い年代には指導者に「言いたくない」といった気持ちもあるでしょうし、男性指導者も「そんな話はハラスメントにならないか」とためらうでしょう。

そういう点でも生理だけ取り上げるのではなく女性のコンディショニング全体として生理にまつわるトラブルをコントロールする取り組みは大切です。調子の良し悪し、体重の増減、記録やパフォーマンスとの関係を総合的に判断される男性指導者がいれば、選手も納得できるはずです。最近では能瀬先生のところに女子アスリートを「診てください」と連れて行かれる男性指導者もいらっしゃいます。

日本はスポーツ医科学の分野で先進国
指導現場と研究と横の連携が重要に

伊藤 検定によって、指導者側の知識の向上、きちんと学んだ指導者に対する選手たちの信頼感を醸成する助けにはなりたいと考えています。

室伏（由） 女性支援をする団体や大学もこの10年で増えていますが、それぞれが個別の支援をしていて一元化できていない、横の連携がとれていないのはもったいない。

室伏由佳
競技を終えた後の人生がとても長いため、指導者も含め、コンディショニングや健康全体を考える視点の必要性を説く

伊藤華英
本検定を通じて、指導者や若い年
代の方々のもとに情報を届け、女
性・男性関係なく、みんなで考え
ていける環境づくりを目指す

　All Japan方式で臨める体制と女子アスリート
に関する研究に基づいた支援でデータが蓄積して
いけば、アスリートに限らない日本の女性全体の
ヘルスケアの充実に繋がります。

室伏（広）　日本はスポーツ医科学の分野で先進
国です。課題は研究と現場の指導者をどうコラボ
レーションしていくかです。

　例えばかつては1人の指導者が、技術の指導か
らコンディション、マッサージまで行う、いわば
指導の何でも屋になってしまうケースもありまし
た。本来ならときちんと専門の領域があるわけです。女性の健康管理におい
ても同様に、いかに専門家とコラボしていけるかが大事です。

　減量が必要な競技では、決して太ってはいないのに太っていると思い込ん
だり、勘違いしたりしてしまい、一生懸命痩せようとして栄養不足を招くな
ど、精神面がスポーツに与える影響が問題の発端にもなる。女性特有、と一
括りにはできませんし、月経が最初の問題ではない場合もあります。

能瀬　10代のうちに適切な治療をしなかったために、生涯にわたる健康を
害してしまい、もう改善しないケースもあります。月経痛の問題が主に出ま
したが、反対に無月経の問題も10代で手を打たないと、皆さんが指摘され
る女性のヘルスケア、生涯に及ぶ問題になりかねない。若い年齢で骨粗鬆症
となり疲労骨折を繰り返す選手は珍しくありません。

　指導者の皆さんには、特に10代から競技レベルに関係なく、性差を理解
した上での指導、医科学的サポートをしていただければ、競技生活を長く健
康に、それは結果的に女性が長く、健康に過ごせる社会をつくる土台にもな
ります。ぜひ、そういう視点をもってサポートしていただきたいです。

構成・文/スポーツライター・増島みどり

chapter 5

女子アスリートと
クリーンスポーツ
―アンチ・ドーピング活動を通した
クリーンアスリートとして―

ドーピングは、スポーツの健全性や公正性を脅かす
深刻なルール違反です。アンチ・ドーピングのルールは
スポーツのグローバルなルールとして、すべてのアスリートが
クリーンスポーツに参加する権利と健康を守るためのものです。
この章では、指導者として知っておくべきクリーンスポーツと
アンチ・ドーピングのルールを学びながら、女子アスリート特有の
薬を使用する際の注意点やサプリメントの使用リスクについても
理解を深めます。

執筆／渡部厚一、上東悦子　編集協力／JADA

01 クリーンスポーツ

● クリーンスポーツが生み出すスポーツの価値について学ぶ。
● 教育、ドーピング検査、ルール施行などアンチ・ドーピング・プログラムを通して、クリーンスポーツ環境を守り育む仕組みを理解する。

1 スポーツの価値・クリーンスポーツ環境のため

　スポーツは社会に多大な貢献を果たしますが、**ドーピング**はそのインテグリティ（健全性）や公正性を脅かし、アスリートやファン、社会に深刻な悪影響を与えます。ドーピングには、禁止物質の使用、所持、取引、隠蔽、強要、そして検査拒否などが含まれます。**アンチ・ドーピング**は、クリーンで公平な競技環境を実現するためのグローバルな取り組みであり、これにはクリーンスポーツの原則も関連しています。アンチ・ドーピングは、**スポーツの価値**と社会的意義を保護し、クリーンスポーツはドーピングのない状態や、個人の尊厳、価値観、倫理観をも含みます。

　アスリート、サポートスタッフ、統括団体・競技団体はクリーンスポーツを築く担い手であり、スポーツ参加・サポートする一員として、積極的な姿勢でアンチ・ドーピングのルールを学び、クリーンスポーツ行動を実践することが重要です。クリーンスポーツを通じ、スポーツの価値を守り、より良い社会を築くことが期待されます。

2 ▶ クリーンスポーツのためのルール

　クリーンスポーツを守るための基本ルールとして、世界アンチ・ドーピング規程（Code）が存在します。Codeには、アスリートの権利、役割と責務、サポートスタッフの役割と責務、競技レベルに応じた**アスリートカテゴリー**、規則違反と制裁、各組織の役割と責務などが詳細に記載されています。また、義務事項である**Code**と**国際基準**に基づく**アンチ・ドーピング・プログラム**のモデルとして、モデルルールとガイドラインも設けられています。国際オリンピック委員会や各国のアンチ・ドーピング機関（日本では**日本アンチ・ドーピング機構＝JADA**）などは、Codeと国際基準を守り、アンチ・ドーピング・プログラムの推進に努めています。アスリートやサポートスタッフ、関係団体は、これらのルール遵守が必須です。Codeや国際基準は都度改定され、禁止表国際基準については最低1年に1回改定されます。最新情報の確認は常に**JADA公式サイト**（**クリーンスポーツ・アスリートサイト**）で行う必要があります。（**図1**）

図1　クリーンスポーツ・アスリートサイト

クリーンスポーツ 行動・習慣化

│ 学習のポイント │

- クリーンスポーツに関わる行動を習慣化する必要性について学ぶ。
- アスリートの役割・責務とサポートスタッフの役割・責務を理解する。

1 アスリートの権利

　世界中のアスリートの声に基づいて、2021Codeから「アスリートAct（アンチ・ドーピングにおけるアスリートの権利宣言）」が制定されました。これは、Codeや国際基準に記載されているアスリートの権利を結集したものです。この宣言に含まれている権利に関して、アスリートは、クリーンでフェアなスポーツ環境を確立・維持することができます。アスリートActを基に、アスリート自身がクリーンスポーツ行動を習慣化し、自身が守るべく権利・責務、特に厳格責任のルールを理解し、尊重することが不可欠です。

　アスリートActには、平等な機会、公正なドーピング検査、治療と健康の保護、公正な審査を受ける権利、説明責任を求める権利、内部告発の権利、教育へのアクセスなどが明記されています。さらに、腐敗のないアンチ・ドーピング体制の確立、組織のガバナンスへの参加、法的支援のアクセスも望ましい重要な権利として挙げられています。

2 アスリートの役割・責務

　アスリートの役割と責務は、クリーンスポーツの実現に重要です。アスリートは、Codeで定められた7つの役割と責務（**図2**）を理解し、周囲と協力して行動することが求められます。すべてのアスリートには、クリーンスポーツに参加するために果たすべき役割と責務を理解し、実践することが重要であり、その上でアスリートの権利を行使することができます。

アスリートの役割と責務を知ろう

©JAPAN Anti-Doping Agency

1．アスリート自身がルールを理解し、守る。
2．ドーピング検査に応じることで、自身のクリーンさを証明し、クリーンスポーツを守ることができる。
3．体内に摂取するものすべてに対して責任をもち、禁止物質が含まれていないか確認することが重要となる。
4．医師や薬剤師に対して、自身がアスリートであり、禁止物質や方法があることを伝えることが必要である。
5．過去10年間にアンチ・ドーピング規則違反があれば、国内アンチ・ドーピング機関（NADO）と自身の競技の国際競技連盟（IF）に伝える義務がある。
6．クリーンでフェアなスポーツのために、規則違反行為に関する情報の提供や調査に協力することが求められる。
7．アンチ・ドーピング機関に求められた場合、自身のサポートスタッフの身分を明かすことが求められる。

図2　アスリートの役割と責務

女子アスリートとクリーンスポーツ
―アンチ・ドーピング活動を通したクリーンアスリートとして―

　コーチ・指導者、保護者等を含む各サポートスタッフは、アスリートのロールモデルとしてアスリートがクリーンスポーツに働きかけられる行動を行うために良い影響を与える責務があります。これと矛盾するような行動をとってはいけないことが６つの役割と責務として示されています（**図３**）。また、ドーピング調査に積極的に協力していく必要があり、非協力的である場合には、アンチ・ドーピング規則違反とはならないとしても、関連団体から処分を受ける可能性まで言及されています。

 サポートスタッフの役割と責務を知ろう

©JAPAN Anti-Doping Agency

1．サポートスタッフ自身がルールを理解し、守る。
2．「いつでも、どこでも検査に応じること」というアスリートが責務を果たすために、サポートを行う。
3．サポートスタッフはアスリートに対してみずからの影響力を行使して、アスリートのクリーンスポーツ行動を日常的に促し、習慣化をサポートする。
4．過去10年の間に、JADAや国際競技連盟以外において、アンチ・ドーピング規則に違反したことがあれば、そのことをJADAと国際競技連盟に伝える。
5．自身が関わった違反、もしくは関わっていない違反であっても、知り得た情報を提供するなど、違反の調査に協力することでクリーンスポーツを守る。
6．サポートスタッフは正当な理由がない限り、禁止物質・方法を使用・保有をしない義務がある。

図３　サポートスタッフの役割と責務

4　厳格責任の原則

　アスリートには「**厳格責任**」の原則がCodeで定められています。ドーピング検査で採取した検体に禁止物質が存在した場合、意図的であるか否かにかかわらず違反となります。アンチ・ドーピングのルールを正しく理解し、禁止物質を摂取するリスクを認識し、適切な対処行動をとる責務があります（**図4・5・6**）。アスリートは以下のような**クリーンスポーツ行動**をとる必要があり、自身を規則違反から守ることができます。また、これらの行動はいつでも自身で証明できるように、とった行動を記録し保存・保管することも重要です。

・治療前や薬を処方される前に医師や薬剤師などに確認をする

・競技会場などで自分の飲料から目を離さない

・最新のアンチ・ドーピングに関する情報を確認する

・サプリメントにはリスクがあるため、その摂取の必要性を再検証する

・栄養の専門家などにアドバイスを求め、サプリメントの潜在的な効果と違反となるリスクのバランスを自身で判断する　など

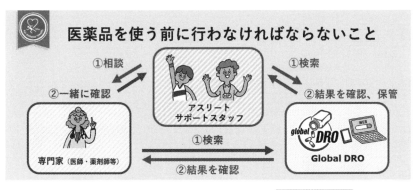

©JAPAN Anti-Doping Agency

図４　医薬品を使う前に行わなければならないこと

病院で診察を受ける時のステップ

1 伝える！
- ✓ 自分はアスリートである
- ✓ スポーツで禁止されている物質・方法がある

2 案内！
- ✓ 最新の禁止表
- ✓ Global DRO
- ✓ JADA医療サイト

3 確認！
- ✓ 禁止物質・方法以外での治療が可能かどうか

図5　病院で診察を受ける時のステップ

薬局で薬を購入する時のステップ

0 ＜薬局に行く前＞
スポーツファーマシストがいる薬局を検索

1 Global DRO で一緒に
- ✓ 検索
- ✓ 薬の成分確認

2 検索結果を
- ✓ PDFで保管
- ✓ メールで共有

3 アスリート自身で判断
- ✓ 薬剤師のアドバイス
- ✓ Global DRO の検索結果

図6　薬局で薬を購入する時のステップ

03 規則違反の項目

- Codeが示す規則違反は、アスリートのみでなく、サポートスタッフにも適用されることを理解する。
- ドーピング検査により禁止物質が検出されることだけではなく、居場所情報の未提出や違反への共謀、通報に対する報復行為なども規則違反となることを理解する。

1 規則違反の項目

ルール違反の項目はCode第1部2条に記載されており、当初8項目でしたが、2021年版のCodeでは11項目となりました（**図7**）。このうち、一般的に最も発生頻度が高い規則違反内容は、アスリートの検体から禁止物質が検出されることです。しかし、「禁止物質・方法を保有していること」や「使用を企てること」もまた規則違反に該当します。また、「共謀」のように、規則違反が単にアスリートだけではなく、コーチやサポートスタッフにも関連するものがあります。この「共謀」とは、他者の規則違反に対する支援や助長、心理的な援助を指します。さらには、「規則違反で**資格停止期間中の特定の対象者との関わり**」といった、資格停止期間であるにも関わらず、合同練習やコーチングの関係をもつことなどを指しています。

アスリートのみに適用

アスリートとサポートスタッフに適用

©JAPAN Anti-Doping Agency

1. 採取した尿や血液に禁止物質が存在すること
2. 禁止物質・禁止方法の使用または使用を企てること
3. ドーピング検査を拒否または避けること
4. 居場所情報関連の義務を果たさないこと。検査対象者登録リスト（RTP）や、検査対象者リスト（TP）に登録されたアスリートは、自身の居場所情報を世界ドーピング防止機構（WADA）が運営するシステム（ADAMS）を通して提出・更新する必要がある。TPアスリートは、居場所情報の提出や競技会外検査の対応がきちんとされていない場合、RTPへ登録変更されます。
5. ドーピング・コントロール※を妨害・介入または妨害・介入しようとすること
6. 正当な理由なく禁止物質・禁止方法をもっていること
7. 禁止物質・禁止方法を不正に取引し、入手しようとすること
8. アスリートに対して禁止物質・禁止方法を使用または使用を企てること
9. アンチ・ドーピング規則違反を手伝い、促し、共謀し、関与する、または関与を企てること
10. アンチ・ドーピング規則違反に関与していた人とスポーツの場で関係をもつこと
11. ドーピングに関する通報者を阻止したり、通報に対して報復したりすること。報復とは通報する本人、その家族、友人の身体、精神、経済的利益を脅かす行為を指す。

※注釈1～11の記載はCode文言から簡略化し記載

図7　ルール違反の項目

※：ドーピング検査の一連の流れや治療使用特例（TUE）、検体分析、結果管理などのすべての段階及び過程。

規則に違反したら

│ 学習のポイント │

● 「競技成績の失効」と「スポーツ活動資格の停止（資格停止期間）」
　の制裁措置があることを理解する。
● 個人のみではなく、チームやサポートスタッフに対しても制裁措置
　が適用されることを理解する。

1 　ドーピングの結果

　アンチ・ドーピング規則違反となった場合、つまりドーピングの結果とし
て、様々なものを失う（**図8**）だけでなく、当然のことながら制裁措置が取
られます。制裁には、「競技成績の失効」と一定期間の「スポーツ活動資格
の停止」があり、後者の期間は標準的に4年間です。これにより、"栄光"は
失われ、活動資格の停止期間中は、"スポーツに関わる一切の活動"を行えま
せん。同時に、該当する競技のポイントやタイトルも無効となります（**図9**）。
　以前には、自分の意図に反して起こしてしまったドーピング違反を"うっ
かりドーピング"と一般的に表現されることもありましたが、"うっかり"過
ちを犯してしまったから許されるわけではないように、"うっかり"違反とな
ってしまっても個人の責務が問われ、制裁は免れません。また、制裁は個人
のみではなく、チームやサポートスタッフに対しても適用されます。

ドーピングによって失われるものはなんだろう

健康

出場の機会

競技成績

スポンサー

ファン・信頼

図8　ドーピングによって失われるもの

図9　アンチ・ドーピング規則違反による制裁措置

2 禁止物質・方法及び治療使用特例（TUE）

　2021年版のCodeでは「健康」がスポーツの精神として強調され、これはアンチ・ドーピング・プログラムの中心的理念であり、アスリートの健康を守ることを示しています。この観点から、**禁止表国際基準**に掲載する際に、禁止物質・禁止方法が「競技力を向上させる、または、向上させうる」「**健康上の危険性を及ぼす、又、及ぼしうる**」そして「**スポーツの精神に反する**」ということを判断基準としています。

　これに準じ、アスリートは健康を守るために、禁止物質・禁止方法の使用を特例として許可されるケースがあります。許可されるにはTUEの付与が必要です。TUEは厳格な基準のもとで付与され、4つの条件を満たす必要があります（**図10**）。

　TUE申請は、JADAや国際競技連盟等、競技レベルに応じた申請先の書式をダウンロードし、その書式をアスリート自身が記載、主治医は詳細の医療情報を添付し記載した上で、申請先に提出を行います。申請したアンチ・ドーピング機関によりTUEが付与されると、一定の条件と期間の下で付与された禁止物質と方法に限り使用が可能となります。

TUE を取得するための4条件
全ての条件を満たすことが必要

1 臨床的証拠にもとづく診断であること

2 健康を取り戻す以上に競技力を向上させない

3 他に代えられる治療方法がない

4 ドーピングの副作用に対する治療ではない

©JAPAN Anti-Doping Agency

図10　TUEを取得するための4条件

TUEには、出場する試合の前に予め提出するTUEと、緊急治療などにより限られた時間で申請を行う遡及的TUEの２種類があります。また、TUEの提出方法や提出先は、競技レベルにより異なります。TUE申請での女性特有の疾患の例に、乳がんや不妊症があります。**乳がん手術後に使用される抗エストロゲン剤**や、**不妊治療で使用されるクロミフェンは禁止表国際基準のS4カテゴリで禁止されています。**

通常、国際／国内レベルのカテゴリーに当てはまる場合、競技会の30日前までにTUEの申請を完了する必要があります（**図11**）。

また、TUEの４条件を満たすよう、必要に応じてデータや報告書のコピー、写真やフィルムを添付した診察所見、検査結果、画像検査を含む申請書を、アンチ・ドーピング機関の設置するTUE委員会が審査できるようにそろえなければなりません。

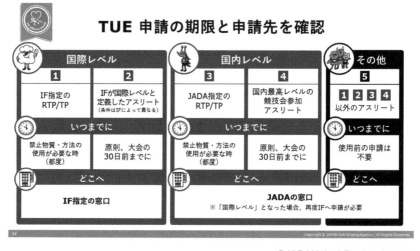

©JAPAN Anti-Doping Agency

図11　TUE申請の期限と申請先

4 サプリメントのリスク

　サプリメントなどの健康補助食品は食品です。医薬品と異なり全成分の表示義務はなく、動植物や天然物由来の原材料からは全成分を確認できません。国際オリンピック委員会の調査で、14.8%のサプリメントや健康食品に製品ラベルに記載のない禁止物質が確認されました（**表1**）。今もなお、サプリメント摂取による規則違反が世界中で発生しています。

　アスリートは摂取する健康補助食品による規則違反を予防する行動が必要です。自身で適切に情報収集するとともに、医師や薬剤師などの専門家に相談し、**禁止物質が体内に入らないように責任をもち行動しなければなりません**（**厳格責任**）。日本では、サプリメント認証枠組み検証有識者会議によって「スポーツにおけるサプリメントの製品情報公開の枠組みに関するガイドライン」が発行されていますが、安全性を保証するものではありません。サプリメントは安易に使用せずにその**必要性とリスクを十分検討する**必要があります。

表1　各国で購入したサプリメントに関わる蛋白同化ホルモンが含まれていた合計数

国名	製品数	陽性数	陽性数の割合
オランダ	31	8	25.8%
オーストラリア	22	5	22.7%
イギリス	37	7	18.9%
アメリカ	240	45	18.8%
イタリア	35	5	14.3%
スペイン	29	4	13.8%
ドイツ	129	15	11.6%
ベルギー	30	2	6.7%
フランス	30	2	6.7%
ノルウェー	30	1	3.3%
スイス	13	—	—
スウェーデン	6	—	—
ハンガリー	2	—	—
合計	634	94	14.8%

（Geyer H. et al., International Journal of Sports Medicine, 25, 124-129, 2004）

自身が
クリーンであることの証明

- いつでも・どこでもドーピング検査を受けることは、アスリートのクリーンスポーツ行動の1つであると認識する。
- ドーピング検査は、自身がクリーンであることを証明できる方法であると認識する。
- ドーピング検査の種類と方法を知る。

1 居場所情報の提出

　ドーピング検査は、競技会で行われる**競技会検査**と自宅やトレーニング場所など競技会以外で行われる競技会外検査の2種類があります。**競技会外検査**のおもな対象は、アスリートの競技成績など、国際基準で要請されている多角的な要素をIFやJADAが検討し、それぞれが指定・登録します。登録検査対象者リスト（RTP）のアスリートは、個人の居場所を特定できる**居場所情報の提出・更新**を必ず行い、常にクリーンであることを証明する義務があります（**図12**）。

　居場所情報は、①その日の夜に宿泊する場所、②60分の時間枠（5:00〜23:00の間で1日1回指定する場所と時間）、③トレーニングや練習などの定期的な活動場所と日時、④参加する競技会の情報（場所と日時）、の情報をすべて提出します。提出した居場所におらずドーピング検査ができなかった時、②で検査が行われた場合は**検査未了**、①③④の場合は**居場所情報提出義務違反**となります。12カ月でどちらかの違反が3回累積すると、原則2年間の資格停止となります（**図13**）。

RTP/TPの役割と責務

RTP/TPに登録されているアスリートは、日本や競技を代表する存在

自身で「居場所情報」を提出・更新する義務がある

「居場所情報」の提出・更新内容

◆ 宿泊先
◆ 60分時間枠 （RTPのみ）
◆ 定期的な活動*
　*トレーニング情報など
◆ 競技会情報

©JAPAN Anti-Doping Agency

図12　居場所情報の提出・更新内容

RTP対象：居場所情報関連義務違反

提出義務違反

◆ 期限までに
居場所情報を
提出しなかった

◆ 提出された情報に不備があった

◆ 正確な情報に更新を行わなかった

検査未了

◆ 60分時間枠内
に指定した時間
と場所で検査に
応じなかった

(検査員がアスリートと会うことが
できなかった場合)

初めの違反から、**12か月の間に3回累積すると、**
アンチ・ドーピング規則違反となる

©JAPAN Anti-Doping Agency

図13　居場所情報関連義務違反（提出義務違反・検査未了）

2 ドーピング検査の手続き

　ドーピング検査には**尿検査**と**血液検査**があります。血液検査の中には、アスリートバイオロジカルパスポート（ABP）を用いて、禁止物質や方法を使用した時に変化する体内の指標（例：ヘモグロビン値など）の経時的な評価を目的として行うものがあります。検査の際、未成年者（**18歳未満**）は、成人の同伴が必須とされています。検査手順の流れとしては、通告を受けた後、検査室に移動し、検体を採取します。その後、関連する書類の作成と署名を行い、終了となります（**図14・15**）。

　尿検査では、同性のドーピングコントロールオフィサー（DCO）の立ち合いのもと採取が行われ、尿量は90ml以上、比重は尿量が90～150ml未満で1.005以上、150ml以上で1.003以上必要です（2024年1月時点）。血液検査は10分間安静に着席後行われます。日本の場合は医師などの医療資格者による採血が行われます。ABPについては、運動直後の場合、2時間安静を保った後に採血されます。書類作成時には、過去7日間に摂取した薬やサプリメントなどの情報を申告することができます。ドーピング検査検体は**WADAの認定を受けた分析機関**でのみ匿名にて分析され、その結果はADAMSというWADAが運用するWebシステムで、アンチ・ドーピング機関と共有されます。

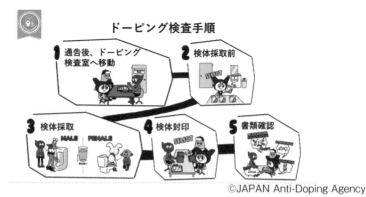

©JAPAN Anti-Doping Agency

図14　ドーピング検査手順

検査における責務（すべきこと）

✓ **写真付身分証明書***をDCOに提示すること
　　*競技会アクレディテーションカード（AD）、
　　パスポート、学生証、運転免許証等

✓ 検査対象として通告を受けた後は、**必ずDCO
（またはシャペロン）から見える場所にいる**こと

✓ 「正当な理由」がない限り、**通告後すぐに**
ドーピング検査室へ行くこと

✓ 検査中は必ずDCO（またはシャペロン）の
指示に従うこと

検査における権利（できること）

✓ **コーチ等成人1名、及び（または）通訳者を
検査室へ同伴**する

✓ 検査手順等の疑問点をDCOに質問する

✓ 「正当な理由」*をDCOに伝え、DCOの許可を
得て、必要な用事を検査室へ行く前に済ませる
　　*正当な理由：クールダウン、メディアへの対応、表彰式への出席、
　　ケガの治療、自身の身分証明書を取りに行く　等

✓ 障がいやケガで検査への対応が一人では難しい場合
に、DCOの許可を得て、**同伴者等に補助**してもらう

©JAPAN Anti-Doping Agency

図15　ドーピング検査でできること・すべきこと

06

クリーンスポーツを守るために声を上げる

| 学習のポイント |

● ドーピングへの懸念に対し声を上げる（Speak Up！）行動が、クリーンスポーツ環境を守り、クリーンにスポーツをするアスリートを守ることにつながることを認識する。

1　ドーピングに対する懸念を声に上げる（Speak Up！）

　規則違反の疑いがある行為について情報を得た場合、日本では日本スポーツ振興センター（JSC）の**ドーピング通報窓口**（**図16**）を利用できます。WADAではSpeak Upというプラットフォームを設け、また、国際競技連盟やWADAも通報窓口を設置しています。規則違反に関わる情報を得た際、些細な内容でも、その情報を適切な窓口に提供することが、クリーンスポーツに参加する権利を守ることにつながります。これらの情報は、アンチ・ドーピング機関などによる**ドーピング調査**やインテリジェンス活動の土台として役立ち、**違反行為の立証**につながります。情報提供者の**安全性**と**匿名性**が保証され、国際的に通報しやすい環境が整っています。クリーンスポーツの**推進と維持**のためには、アスリートらからの積極的な情報の提供が非常に重要です。不正行為を許容しない明確な姿勢と、スポーツに関わる全関係者の協力と行動が不可欠です。

図16　日本スポーツ振興センター（JSC）ドーピング通報窓口

　日本では日本スポーツ振興センターが、通報対象者としてオリンピックやパラリンピックの日本代表アスリート、公益財団法人日本オリンピック委員会（JOC）や公益財団法人日本パラスポーツ協会（JPSA）/日本パラリンピック委員会（JPC）に認定されたオリンピック強化指定アスリート、また、JADAの登録検査対象者リストに含まれるアスリートを設定しています。代表選手団の監督・コーチ、JOCやJPSA/JPCの委嘱ナショナルコーチ及び専任コーチ、強化スタッフも対象となっています。対象者に該当するか不明な場合でも、情報提供が推奨されます。例えば、使用済みの注射針を所持しているまたは落としたアスリートを見た、禁止物質を含むサプリメントを使用していた、指導者から特定の薬を服用する指示を受けていたなど、規則違反として問われるような行為を見たり、聞いたり、知り得た場合通報することが求められます。

▌規則違反が問われる事例

1. アスリートの部屋に、**不審な大量の血液パックや注射針があった。**
2. 検査を避けるために**居場所情報登録を直前に何度も変更する**アスリートがいる。
3. アスリートの薬箱に**禁止物質が入っている**のを見た。
4. アスリートが、**競技力を向上させるサプリメントを購入した**とSNSに載せている。
5. コーチから「結果を出すために必要だ」と**禁止物質を摂取するように何度も勧められる。**
6. アンチ・ドーピング規則違反で**資格停止中の監督がトレーニング**や戦術の指導をしていた。
7. チームドクターがアスリートに対して、**ドーピング検査で見つからない方法を指導している**のを聞いた。
8. 違反行為を通報したら**報復するぞと脅された。**

（日本スポーツ振興センター「通報してほしい事例」より引用）

10代に向けて正しい情報を
1252プロジェクトへの評価

2021年の発足以来、生理とスポーツの課題に向き合ってきた1252プロジェクト。「1252」という言葉はどのように生まれたのでしょうか。日頃から若者やアスリートのメンタルヘルスに取り組む、小塩靖崇さんと啓発のあり方について語ります。

小塩靖崇
国立精神・神経医療研究センター 常勤研究員

伊藤華英
競泳オリンピアン／一般社団法人スポーツを
止めるな理事・1252プロジェクトリーダー

最上紘太
一般社団法人スポーツを止めるな共同代表

「1252」が生まれた背景と啓発への思い

最上 「1252」の言葉を生んだメンバーの一人として、生理については事の重大性、深刻性は理解してきたつもりです。ですが、ジェンダーを問わず取り組むべき問題であることはわかっているつもりでも「生理」と題したプロジェクトであれば、やはりどこかで「自分には関係ない」と思ってしまうかもしれない。なぜなら僕は生理がきたことがないし、これからもこない。それを自分事とするのがなかなか難しいという現実があるからです。だからこそ、この問題を本質的に感じ取るアイコンがほしかった。そこで皆と話し合う中、これだ、と感じたのが「1252」でした。数字であれば、英訳しても意味が伝わる。良い意味での違和感もある名前をつけたことで良いスター

トを切れたと自負していますが、小塩先生はこの「1252」という名前をどう感じましたか？

小塩 とても良いと思います。「1252とは何だろう」とまず疑問を提供する。自分事として考えづらい男性にも関心をもたせる名前であるところが啓発という意味ではとても大きいですね。何よりも、疑問や関心をもたせるというのは勉強において最初の一歩で、非常に大切です。そういった面でも名前の重要性を強く認識してきたので、グローバルにも通用する「1252」はとてもいい名前です。啓発という面で常に意識していること、気をつけていることはありますか？

伊藤 自分が経験してきたことが相手に響くこともありますが、私は「一人ひとり違う」ということを念頭に置いて伝えるようにしています。

最上 広く伝える、という面では10代の女子学生がどこから情報をとっているのか、と想像した時、最も大事だと思ったのは彼女たちが普段使うツールを活用すること。まず初期段階の取り組みとして、インスタグラムで教科書をつくりました。実はこれまでも非常に素晴らしいパンフレットや情報はあるんです。でもそれが届いていないし、届けることに苦労している。それならば、と逆の発想で彼女たちに届いているところから情報を出していけないか、と考えました。

小塩 何より大事なことです。普段使っているツールで大事なことを発信していくのは本来の正しいあり方ですが、実はこれまでなかった戦略でもある。1252プロジェクトのインスタグラムも拝見しましたが、シンプルなメッセージで記憶に残ります。皆が使っているツールで同じ情報を見ることで「あれ見た？」と会話につながる。それが一番良い効果だと思っています。

「スポーツ×生理の新しい教科書」をコンセプトとした教育コンテンツ「1252 Playbook」をインスタグラム（@1252project）で発信している。

https://www.instagram.com/1252project/

最上　先人たちがこれまでご苦労されてきて、日本にも素晴らしい研究はあるにも関わらず、それがなかなか伝わる手段がない。そこが非常にもったいないところであり、私たちにとっても直面するテーマでもあります。

伊藤　埋もれている財産は多くありますよね。そのためにも、どう伝えていくか。評価という面ではまだまだ課題もあります。

最上　スポーツナビ主催の「スポーツPRアワード」で優秀賞や、グッドデザイン賞をいただけたことは一つの励みにもなりました。さらにもう一段階広く発信するためには、1252プロジェクトはもっとKPI（重要業績評価指標）を厳しく設定して、どれだけの人に見てもらったのかにもっとこだわってもいいのかな、とも思っています。

小塩　何人に届いたかということも非常に大切ですが、何人に届いて、さらに知識が身についた、行動が変わったのは何％だったか、という指標を示していけることが大切ですね。

構成・文／スポーツライター・田中夕子

chapter 6

女子アスリートの
パフォーマンスを
正しく引き出す
―ストレングス&コンディショニングとケア―

女子アスリートのパフォーマンスを引き出す上では、
アスリート一人ひとりをしっかりと知り、
身体的特性や競技特性を分析することが重要です。
この章では、女子アスリートの怪我の予防とパフォーマンスを
引き出すための分析・評価方法や、より実践的な
トレーニング・コンディショニングとケアのあり方について学びます。

01

アスリートを知ろうと することからはじめる

● 大切なアスリートを改めて「知ろうとする」こと。

1 パフォーマンスピラミッドとパフォーマンスチューブ

　従来のパフォーマンスピラミッド（**図1**）の考え方は理想の一つですが、パフォーマンスチューブ（**図2**）でとらえた時に、選手によってはアビリティが低いが、スキルレベルが高く結果を残す選手がいたり、アビリティが高くても、スキルレベルが低く、チャンスを逃す選手もいたりするでしょう（**図3**）。このような状態ではファンデーションの部分がボトルネック（問題）となり、その不足を補うための代償動作（エラー動作)によって無理な動きや癖となり問題が深刻化することもあります。代償動作とは、ある動作が困難な時に他の筋肉の動きで動作を補ったり、別の動きでその動作をつくったりすることです。代わりの機能や方法を用いてその運動を実施するので、本来使われるべき筋肉や腱がうまく使えないようになり、動作そのものも間違った形で習慣化してしまいます。

　指導者にとって重要なことは、パフォーマンスチューブを上から覗き込んだ時に、その選手に起こっている「現象」の「本質」を知ろうとする、見ようとする、考えようとすることです。

　知れば見えるようになり、見えるようになると評価できるようになり、評価できれば行動が明確になります。最初から完璧を目指さず、まずは「知ろうとする」ことをこの章のゴールとしたいと思います。

図1　パフォーマンスピラミッド

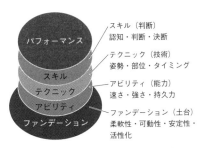

スキル（判断）
認知・判断・決断

テクニック（技術）
姿勢・部位・タイミング

アビリティ（能力）
速さ・強さ・持久力

ファンデーション（土台）
柔軟性・可動性・安定性・活性化

図2　パフォーマンスチューブ
（里大輔，身体動作解体新書，カンゼン，2023）

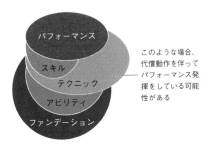

このような場合、代償動作を伴ってパフォーマンス発揮をしている可能性がある

図3　テクニック高・アビリティ低の場合のパフォーマンスチューブ

2　課題と問題の違いを知ろうとする

　課題はアスリートにとって常にあるものです。その課題をクリアするための「ボトルネック」は何でしょうか？

　問題の慢性化を防ぎ、選手と指導者が課題解決に向けて、同じ絵を見て不安なく取り組むことができることを大切に進んでいきましょう。

　①競技特性を知る、②対象者を知る、③構造と機能としての身体性を知る、④トレーニングの計画実践方法を知る、⑤トレーニング・活動環境の管理の流れで、選手・チームのパフォーマンスを引き出していきましょう。

　人を見る、捉える考え方を増やし、様々な課題や問題に「気づく」ために「対象者と向きあう」「向き合おうとする」「知ろうとする」ことを意識していくことが重要です。

02

競技特性を知る

● 競技を三つの側面から多面的にとらえ、それらが競技特性に関係することを知りましょう。

1 体力的側面から知る

> 図4の体力分類を参考にすると、あなたの携わる競技は行動体力のうち、どの体力要素が必要ですか？

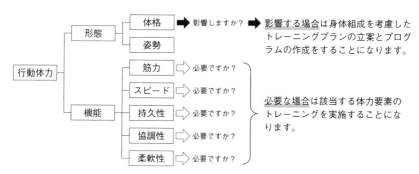

図4 体力の分類
（猪飼 道夫，日本における体力研究，体育学研究，6（3-4），1-14，1961）

また、体力要素として「筋パワー：瞬間的に筋力を発揮する能力」は、図4内の要素としてありませんが、競技場面では多く要求される能力です。筋パワーは筋力と動作スピードの両要素が影響します。筋パワートレーニングはトレーニング効果と外傷・障害予防から考えて、筋力向上トレーニング、

動作スピードトレーニングを行った後に取り組んでいくことが一般的に実践されている方法となります。

2 エネルギー供給系から知る

試合開始から終了までの時間はどれくらいですか？

　10秒以下（ATP-CP系）／10秒以上3分程度（解糖系）／3分以上（有酸素系）

瞬間ごと全力プレーの時間はどれくらいですか？

　10秒以下（ATP-CP系）／10秒以上3分程度（解糖系）／3分以上（有酸素系）

図5のエネルギー供給系の概念を参考にすると、以上の2点からあなたの携わる競技は、どのエネルギー供給系を使っていることになりますか？

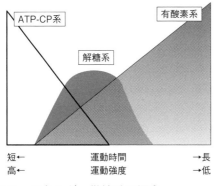

有酸素系のエネルギー供給系の場合、図6の運動形態を参考にするとあなたの携わる競技はどの運動形態の有酸素運動になりますか？

図5　エネルギー供給系の概念

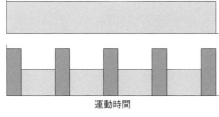

持久的
一定強度で継続する形態

間欠的
一定強度で継続する形態とそれ以上の強度での運動をある間隔で行う形態

運動時間

図6　持久的、間欠的運動形態

ラグビーは、試合時間からエネルギー供給系は「有酸素系」、運動の継続形態は「間欠的運動」になります。スプリント、タックルなど個々のプレーは「ATP-CP系」になります（**図5・6**）。このように、競技は複数のエネルギー供給系から成り立っているため、トレーニングは実際の競技に要求される運動強度の時間と、運動の継続形態を考慮して行います。

3 動作的側面から知る

　フィジカルトレーニングを実施する際、筋力やパワー向上としてよく使われる、スクワットやデッドリフトなどのトレーニングジムでのエクササイズを行いますが、それらが必ずしも、あなたの専門競技動作に直結しているわけではない場合も多くあります。

> あなたの携わる競技はどんな動きを必要としますか？　**表1**を参考に
> 考えてみましょう。

表1　基礎運動パターンの分類

タイプ	基本的動き
バランス系	片脚で立つ・手で支える・逆立ちする・滑る
移動系	転がる・這う・ギャロップ・ステップ・引く・押す・走る・止まる・身をかわす・泳ぐ・漕ぐ・のぼる
跳躍系	ホッピング・スキップ・ジャンプ・着地
操作系	握る・掴む・放す・振る・まわす
Projection	転がす・パンチする・投げる・キャッチする・蹴る・打つ・弾ませる・ぶつかる
リズム系	音楽（リズム）に合わせて動く

　フィジカルトレーニングを実施する際においても、最終的にその競技で必要とされる動きにつなげるように、段階的にエクササイズを発展させていきます。

対象者を知る

● 対象者の競技レベルを知り、パフォーマンス目標を達成するために、選手の身体要素と健康リスクを知る。

1 対象者の成長過程と競技レベルを知る

> あなたが指導する対象者一人ひとりの現在と目標（パフォーマンスゴール＝PG）を知り、理解していますか？

● 対象者の現在とPGを知る

① 対象者（集団）の成長過程のレベル

② 対象者（集団・個人）の現在の競技レベル

③ 対象者ごとのPG

　成長過程を妨げずにフィジカルトレーニングプログラムを考えるためにも、あなたが指導している対象者（集団）の成長過程レベルを把握することが重要になります。スキャモンの発育曲線で説明されているように（p.102参照）、ある年齢（時期）に特化して発達する体格要素、生理的機能、運動能力要素があります。それらを体格指標（後述）などから評価し、フィジカルトレーニングを実施し、さらに最終的にその競技で必要とされる動きにつなげるように、段階的にエクササイズを発展させていきます。

　あなたが指導している対象者（集団）の現在の競技レベルと、個人が目指すPGのギャップをどう埋めていくかが、長期的トレーニングプランの立案

に必要な情報となります。個人ごとのPGとしては、いつ、どのレベルまで
到達することを目指しているのかなどを知っておくと良いでしょう。

　対象者のPGが、あなたの指導期間に達成される設定でない場合もありま
すが、対象者の目指すゴールに近づけるためのプランを立案し、その時点で
克服すべき課題をクリアしていく指導が要求されます。また、対象者によっ
ては、PGを明確にできていない場合もあります。その際は対象者とコミュ
ニケーションをとり、目指すべきゴールについて共通認識を持ってトレーニ
ングに取り組む必要があります。

2　対象者の身体的特徴を知る

> あなたが指導する対象者一人ひとりに対して、現在の身体的な特徴を
> 把握していますか？　現状と個人のパフォーマンスゴールとの"ギャッ
> プ"について対象者と共通理解ができていますか？

（1）体格の把握：身体組成

　体格は体力の一要因であり、その他の体力要因（持久力やスピード）にも
影響を与えます。審美系や体重階級制の競技ではパフォーマンスに直接関わ
りますし、フィジカルトレーニング現場においてはコンディショニングのモ
ニタリング指標として活用します（コンディショニングチェック表について
はp.223参照）。また、体格は、成長期において、成長の程度や時期（PHV
年齢前もしくは後）の把握に必要不可欠な身体評価指標となります。（PHV
についてはp.103参照）

　体格は身体部位の長径、周径、幅径、重さ（体重）や皮下脂肪厚など（**図
7**）を直接計測した実測値や、実測値や関連係数を用いた算出値などを評価
指標として用います。

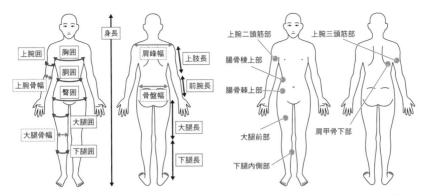

図7　体格計測部位　国際キンアンソロポメトリー推進学会（ISAK）基準
（Ross WD, Wilson NC, Acta Pediatrica Belgica, 28: 169-182, 1974）

> **体格指標**
>
> ・実測値：実際の計測から得られた値（例：身長、体重など）
>
> ・算出値：実測値や係数を利用して算出した値。
>
> 　「身長」に対する「重さ」の適性度合いを示す指標にBMIやローレル
> 指数などがある。
>
> 　＊BMI(kg/m²)＝体重(kg)／身長²(m)
>
> 　　※15歳以上に適用
>
> 　＊ローレル指数(kg/m³)＝体重(kg)／身長³×10
>
> 　　※学童期・中学生に適用

体格指標である体重や皮下脂肪厚のみでは、身体を構成している成分（身体組成）は評価できません。スポーツ現場では、体重全体の「脂肪量」の占める割合や筋肉量の増減を把握する上で、「除脂肪量」を認識することが重要であるため、身体組成を「脂肪と除脂肪」の二つに分類する考え方が広く使われています。

身体組成を調べる方法は３段階（直接法・間接法・二重間接法）に分けて

考えられています。安価の身体組成計が広く普及している日本のスポーツ現場ではヒトの身体を円柱形と想定し、微弱電流を身体に流してその電気抵抗値を計測し、脂肪率を推定している生体電気インピーダンス法（BIA）と二重間接法（二つの推定値を代入して算出する）が多く活用されています。

※ただし、推定値が異なる場合は算出された脂肪率等の値は比較できません。

	トレーニング開始時	日々	トレーニング実施数カ月後
目的	成長過程のレベル把握 ベースラインの把握	コンディショニングの把握	トレーニング効果の評価
体格測定項目	身長・体重 周径・皮下脂肪厚など	体重	身長・体重 周径・皮下脂肪厚など
算出項目	ローレル指数／BMI		ローレル指数／BMI
身体組成測定	体脂肪率	体脂肪率 （BIA法の場合）	体脂肪率
測定値、推定値の利用法	・成長評価チャートを利用して成長過程レベルの把握 ・個別のベースラインデータとして蓄積	・モニタリング指標として記録 ＊減量・増量 ＊脱水など	・個別のベースラインデータと比較し、トレーニング効果の判断

図8　体格・身体組成活用例
（日本小児科分泌学会，成長評価用チャート）

　図8で示した活用例のように、スポーツトレーニングの現場では体格・身体組成を指標として対象者を理解し、日々の状態のモニタリング、立案したトレーニングプランの進行状況の確認等を行います。そのため、計測時には以下の点に注意します[1, 2, 3]。

（2）健康問題・リスク要因把握

　競技を行う上で、アスリートの突然死の予防は重要となり、**高リスク選手を事前に把握**し対応する必要があります。そのために「**内科的メディカルチェック**」を定期的に（1年1回程度）行うことを推奨します。また生死に関わらない障害のリスク要因・因子の把握には、「**スポーツ整形外科的メディカルチェック**」が必要となります。メディカルチェックの多くは医療機関、または専門知識をもったトレーナーなどが行い、問題がある場合は事前の対処が重要です。また現場責任者も選手の既往歴や日々のコンディションを把握し、練習への参加可否など適切な対応の準備をすることが重要です。（コンディショニングチェック表についてはp.223参照）

　専門医や専門家によるメディカルチェックが環境的に難しい場合、学校教育現場においては、養護教諭との連携を深め、健康診断の情報共有を行うことから始められると思います。

　女子アスリートに関しては、貧血の有無についてヘモグロビンやフェリチンといった値を血液検査すること、月経周期異常などの有無の確認も重要で

す。また、特に審美系競技者に多いとされている摂食障害などの把握も必要です。

- 選手と確認できる身体基礎項目
  身長・体重・血圧・心拍数といった基礎的情報（学校の健康診断などからも得られる項目）
  ・日常的に摂取している薬（医師の処方薬、市販薬、サプリメント）
  ・喘息や糖尿病といった持病（携帯薬があるか、薬の保管場所）
  ・視力検査（コンタクト、メガネ着用の有無の確認）

- 指導現場でできる健康履歴把握項目
  ・既往歴
  ※アンケート記載だけでなく、**必ず直接聞き取る**ことが重要です。なぜなら選手によってはねん挫や骨折を「怪我」として捉えていないケースがあるからです

□手術、骨折、靭帯損傷、その他長期的に競技を休まなければならなかった傷害など
□脳震盪（いつ、回数、その時の症状）
□脱水症状や熱中症（いつ、回数、どんな状況で）
□めまい、立ちくらみ、ふらつきなどの症状の有無
　上記以外のチェック項目として、24時間の生活サイクルの聞き取りも重要な情報となります。その中には、睡眠時間（平均的な就寝時刻と起床時刻）、睡眠の質（眠りを点数で評価）、食事回数と時間などが含まれます。選手の年齢によっては、保護者の方にアンケートを送り、任意で返答いただくことも提案できると思います。
　システム化されたメディカルチェックは、選手の現状の把握だけでなく、管理者の法的責任や保険適用の把握のためでもあることを知っておきましょう。

構造と機能としての
身体性を知る

| 学習のポイント |

● 立位姿勢での姿勢チェックポイントと、女子アスリート特有の膝、
　脚部のリスク因子を知る。
● 人としての基本動作の評価ポイントとベーストレーニングを知る。

1　構造としての身体性評価

　身体性評価を行う際は、選手が静止した状態の**静的評価**と、動きを観察する**動的評価**があります。ここでは静的評価を扱います。

　静止立位からわかることは、①筋・骨格系の痛みやアンバランスさ、②関節可動域の制限に加え、③精神的・心理的ストレスをはじめとする心の状態にまで及びます。気持ちが沈むとうつむき加減になったり、元気な時は自然と顔があがったりした経験があると思います。最初に姿勢での様子を観察しておくことで、日常での変化に気づくきっかけになると思います。

　静的評価を行う場合、選手は直立姿勢となり1．正面、2．側方（左右）、3．後方の4方向から行います（**図9**）。

　観察を行う際、姿勢評価で重要なランドマークとなる肩甲骨や骨盤などの骨部位を見るため、男性は上半身裸と短パン、女性はスポーツブラにタイツ着用など身体の輪郭が見える服装が望ましいです。評価者が男性単独の状況で女子アスリートを見る場合、選手をペアにして、1名を観察者または記録者として配置することで、双方にとって安心した環境を設定できます。

　初回の測定時に写真撮影をしておくと、経過としての記録だけでなく、怪我をした時や調子が悪くなった時に比較として使うことができます。

chapter
6

女子アスリートのパフォーマンスを正しく引き出す
―ストレングス&コンディショニングとケア―

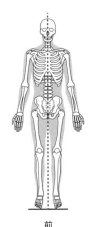

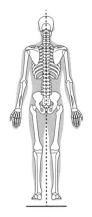

前

・体の中心にまっすぐラインを引き、左右差を見比べる
・目の高さの左右差を見比べる
・肩の高さの左右差
・右と左膝の間のスペースをチェックする（O脚、X脚など）
・腕の長さ、手のひらの向いている方向、手を下ろしている位置

横

・体の前後半分に分けた線が、耳、肩峰、大転子、外果のわずか前方を通る
・頭部の位置（特に前方に突出しすぎていないか）
・肩の位置、背骨との位置関係
・腰付近の形状（反り具合、丸まり具合）
・膝の位置（過伸展や伸展制限など）

後

・体の中心にまっすぐラインを引き、左右差を見比べる
・肩甲骨の上縁の角度と位置
・背骨の形、ライン（横への曲がり、捻れ感など）
・下腿の左右差と大きさ
・足部の見え具合（つま先が外を向いているなど）と内側アーチの高さと落ち具合

図9　姿勢チェックポイント

(Jane Johnson, セラピストのためのハンズ・オンガイド姿勢アセスメント, 医師薬出版, 19-21, 2014)

● 姿勢を見る時のポイント

ポイント1：全体的な姿勢

　全体的な印象を確認。左右前後の偏り、身体の各部位が安定して積みあがっているか、左右の太さ、長さ、大きさ。

ポイント2：女性特有の確認すべき身体部位

①Qアングル（角）……膝蓋骨中心から上前腸骨棘を結んだ線と、膝蓋骨中央から脛骨粗面中央を結んだ線がつくる角度（**図10**）

　　Q角の平均は男性で10〜15度、女性で15〜20度とされています。それよりもQ角が大きいと膝伸展筋が膝蓋骨を外側に偏位させるベクトルが増大します。

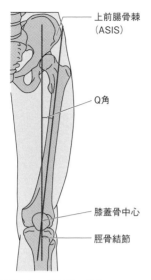

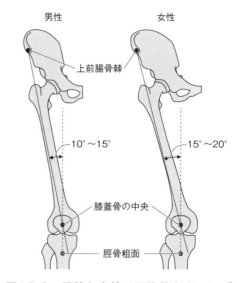

図10-1　Qアングル

（Jane Johnson，セラピストのためのハンズ・オンガイド 姿勢アセスメント，医歯薬出版，2014）

図10-2　男性と女性の平均的なQアングル

（Skouras A Z, et al., Cureus, 14（5）: e24911, 2022）

②回内足……偏平足のような状態で、内側のアーチが落ちている状態。地面と唯一接している足底がアンバランスになると、そこから上の構造（姿勢）に影響を与えてしまいます。

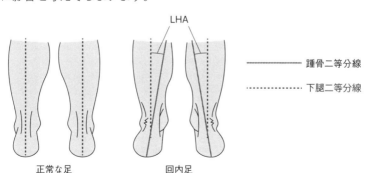

図11　正常な足と回内足の測定法

回内足の評価法にLeg Heel Angle（LHA）があり、踵骨二等分線とアキレス腱を通る下腿二等分線が交差する角度を計測する（**図11右図**）。角度が大きくなるほど怪我の要因となります[4]。

③足裏（トライポッド）……バランス良く、安定して立つためには、足裏の母趾球、小趾球、踵の真ん中の３点に体重が分散されていることが必要です。足裏３点のどこに体重を感じているか、選手に聞きながら観察をしていきます。足指の形や力の入り方も観察をしてみましょう。

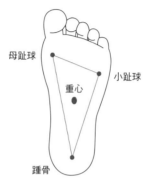

図13　足裏（トライポッド）

2　機能としての身体性評価（人としてのパフォーマンス）

　適切かつ効率的な運動を学習し、パフォーマンス向上を目指すには、体幹や重心の安定が重要になります。今回はオーバーヘッドスクワット（OHスクワット）、片脚スクワットを機能としての身体性評価としてご紹介します。正しいフォームが身につくことを目指しましょう。

（1）評価動作１　オーバーヘッドスクワット（OHスクワット）

　基本動作として、次の二つのポイントに気をつけると適切な動きが習得しやすくなります。

①重心位置

　立った状態で母趾球、小趾球、踵の真ん中の３点（トライポッド、**図13**）を結んだ三角形の中心（足の中心・重心点）に体重を乗せる。動作中にもこの重心位置の動揺がないように意識して動く。

②体幹と腕（**写真１**）

　背中は立ち姿勢の自然なＳ字カーブを維持した状態を保ちます。スクワット動作中にへそと胸の距離が短くなったり（腰が丸まる）、長くなったり（反り腰）しないように姿勢を維持する。腕は体幹部の中心ラインの延長上に肘を伸ばして維持します。

写真１

（2）評価動作２　片脚スクワット（写真２）

　片脚スクワットは、片足の筋力と体幹の安定力やバランス能力を評価します。

①　体幹のポジション

　肩と腰骨の４点が動作中に同じ方向を向いて一枚板のようになっているか。

②　骨盤の位置

　骨盤が開いていないか、**左右の肩と骨盤の高さが床**

写真２

に対して平行か。連続10回片脚スクワットが安定しない人は、30秒静止することから始めてみましょう。

（3）動作評価：代償動作・エラー動作の把握 QR

　二人組でお互いの動作を観察したり写真を撮ったりして評価しましょう。前述のチェックポイントや代償動作リスト（**表2**）を確認して、代償動作が出ている選手はフォームを意識するなど、弱い部分をトレーニングで強化しましょう。うまく動きができない選手は簡単にする方法もあります。実際の動きは動画#1「オーバーヘッドスクワット」、#2「片脚スクワット」をご覧ください。

表2　オーバーヘッドスクワット、片脚スクワットの代償動作とその原因例

	代償動作	考えられる原因
A	重心点が（左右前後）に動作中にずれる	重心のコントロール不足、下肢筋力不足
B	つま先（親指、小指）や踵が浮く	重心のコントロール不足、足関節が固い
C	指を曲げて踏ん張る	足底の筋力が弱い、靴が大きい
D	背中が丸まる	体幹の安定性が低い
E	首が前に出る	体幹の安定性が低い
F	手をまっすぐ維持できない	手を挙げる筋力が弱い、背中や肩の筋肉が固い
G	腰骨の位置が傾く（シフト）	体幹の安定性が低い、股関節や足関節の可動性が低い
H	体幹部が脛と平行にならない	体幹の安定性が低い、足関節が固い
I	片足になるとグラグラする	下肢筋力、足底筋力、バランス能力が低い
J	片足で骨盤が床と平行にならない	体幹の安定性が低い、臀部の筋力不足
K	膝が内側に入る	臀筋や大腿部の筋力の不足

※代償動作は一つとは限りません

オーバーヘッドスクワットの代償動作例
※表2のA、D、E、F、Hに該当

片脚スクワットの代償動作例
※表2のA、G、J、Kに該当

（4）正しく動作ができない選手へのベースアップトレーニング

重心のコントロールや体幹の安定が上手にできず、代償動作が出てしまう選手は、次のエクササイズから練習してみましょう。実際の動きは動画#3「椅子スクワット」、#4「ゴブレットスクワット」、#5「片脚スクワット」をご覧ください。

①椅子スクワット

立った位置から椅子にゆっくりと３～５秒かけて座る。体幹を安定維持し２～３秒かけて立ち上がる。重心が安定してきたら、お尻が座面に着く手前で止め、完全に座らずに立ち上がる動きを10回繰り返す。

②ゴブレットスクワット

胸の前にダンベル、メディシンボール、かばん、ペットボトルなどを抱えてスクワット動作をする。体の前面に重りがあることにより自動的に体幹が固定され、姿勢が安定しやすくなります。

③片脚Boxスクワット

ベンチや椅子などに片足で３～５秒かけて座り、反動を使わず姿勢を維持して１～２秒で立ち上がります。体幹が安定しない選手は、胸の前に軽い重りなどを持つゴブレットスタイルで実施すると良いです。

3 　機能としての身体性評価（アスリートパフォーマンスとしての動き）

スポーツをする前に知っておきたい着地衝撃と代償動作についてまとめます。

①着地衝撃

着地時にかかる負担は、歩く＝体重の２～３倍、走る＝体重の３～６倍、跳ぶ＝体重の２～４倍、方向転換＝体重の４～８倍といわれています。スポーツをすると様々な衝撃が身体に加わり、動きが滑らかでない動作が続くと、うまくパワーをコントロールすることができず、一部の関節や腱や筋に負担をかけやすく怪我のリスクを高めてしまいます。

②代償動作

　代償動作による影響には、「フォームを意識せずに毎日のランニングで極端に上体を動かし、疲れてきたら顎があがる癖がついてよりスピードが落ちる」「スクワットジャンプで、体幹が安定せず膝を内側に倒して着地する癖があり、膝の内側の靱帯と足底筋膜が痛む」などがあります。

　ここでは「代償動作」（エラー動作）を早期に発見し、体の動きのクセを理解するために、プライオメトリクスといわれる瞬間的に筋を動員する運動（スプリント、スキップ、ホップ）を評価として使います。実際の動きは動画#6「スプリント」、#7「スキップ」、#8「ホップ」をご覧ください。

スプリント

走る動作より「全力」で最大時のスピードを出した際に上体を固定し腕は使えているか、足の流れが良いかを観察
距離：10〜30m

		チェック
☑	頭が脊柱に並ぶようになっている
☑	視線は前で顎は上がらない
☑	前方の手は身体の中心線から始まり、中心線に終わる
☑	腕振りで引いた肘はウエストより後ろに引けている
☑	プッシュオフ（押す）ができていて進行方向に身体が進む、上下しない

スキップ

スキップ動作を通じて「リズミカル」な身体の使い方ができるか前後や横の移動も実施して身体をうまく操作できるかを観察

距離：10m

	チェック
☑	頭が脊柱に並ぶようになっている
☑	視線は前で顎は上がらない
☑	床を押した瞬間に身体が連動してリズミカルにスムーズな移動ができている
☑	前後移動のスキップができる
☑	横移動のスキップができる

ホップ

高く素早く連続でジャンプするホップ（縄跳びするような動き）で身体全体の「弾性エネルギー（バネ）」を上手く正確に使えているかを観察

回数：その場で10〜20回

	チェック
☑	腕振りの勢いを使えている
☑	床を押す瞬間に股関節・膝関節・足関節の3点が伸びている
☑	ニーイン・トゥアウトしない
☑	前後に移動しない
☑	左右に移動しない

機能としての身体性評価

（1）スポーツパフォーマンスの4要素を知る

　スポーツパフォーマンスは次の4つの要素、スポーツパフォーマンスのゴールとパフォーマンスチューブ、ボトルネック、パフォーマンスプレップ（プレパレーション）で構成されています。そして、各要素が正しいか、改善すべきかを判断、予測するために、評価し必要な情報を得るようにしましょう。そのために上記の4つの要素を理解し、評価の意義を深めましょう。

　練習やフィジカルトレーニングの先には、必ず**パフォーマンスゴール（PG）**があります。そして、**図2**（p.183参照）のようにパフォーマンスチューブが太くバランスが良いほど、選手のPGを達成する可能性が高くなります。

　トレーニングの効果につなげる4つの要素への大切な質問があります。

●パフォーマンスゴールは何ですか？
●パフォーマンスチューブに入るものは何ですか？
●あなたのボトルネックは何ですか？
●スポーツパフォーマンスプレップとして何を行いますか？

　それでは、次の質問に答えてみましょう。「今のウォーミングアップやトレーニングそしてリカバリー（ケア、食事、睡眠）が、あなたのどんなPGにつながっているか、私に伝えることができますか？　効果を示すことができますか？」

　なぜ、このような質問を投げかけたかというと、PGがない、もしくは曖昧、あるいは練習やトレーニングなど手段の実践が目的となり、ゴールのための手段として適していない場合もあります。スポーツのパフォーマンスを考える上では、達成させたい動き、それがいつどこで、どのぐらいの速さや

回数でできなければならないのか？を理解していることが、トレーニングの効果を出すためにも大切です。そのためにも、自分のPGと、何がパフォーマンスチューブにあるのかを具体的に伝えられ（p.183 **図2**参照）、現状とゴールの差を把握するための評価をできるようにしましょう。特にファンデーションと**アビリティ**に入るものは何か、何を評価し、どうやって改善・向上するかを知ることがコンディショニングの始まりです。

パフォーマンスは、チーム競技でも個人競技でも、自分の目的とする動作や姿勢を実行することを意味します。目的とする動作や姿勢は、場面場面で変化し、連続、連結、結合する競技もあります。特にスポーツパフォーマンスは、気候や相手など外的環境の変化が起こり得るため、その変化に対応して、再現性の高い動作ができることがハイパフォーマンスといえます。

トレーニングの効果を出すために大切な4つの質問について考えるポイントは、次の①②の通りです。

①パフォーマンスゴール情報の可視化

パフォーマンスゴールやボトルネックは、可能な限り情報（データ）として示すようにしましょう。ここでいう情報とは、言葉、映像や画像、数値などです。イメージを共有するため写真や図で動作を表しましょう。そして、動作のポイントを言語や数字などで、より具体的に定量化することで、選手とコーチ間、選手間でも共通認識をもつことができます（**図14・15**）。

例として、ラグビーのパフォーマンスゴールの一つであるタックルは、瞬間的に**図14**の姿勢をとります。この時のゴールとなる姿勢は、相手の衝撃に耐えるために、高重量を扱えるクォータースクワットのような姿勢（股関節のアングルは120度前後、脊柱の生理的弯曲を保つ）を目指します。そのため、脊柱から股関節、足関節の柔軟性と姿勢を保持する安定性がファンデーションとして必要です。また、試合時間80分間、心拍数が最大180拍/分、1試合に20回以上、誰が相手であっても遂行するためには、スピード、持久力、パワーなどのアビリティが必要になります。

図15のボールキャリアのスプリントも同様です。加速時の姿勢やトップスピードを出すための姿勢や動作のゴールはどこか？　下半身の必要な可動域はどの程度か？　加速度はどの程度必要か（男性ラグビー選手5m/s/s以上）。これらの再現性を高くすることがトレーニングやコンディショニングの目的となります。

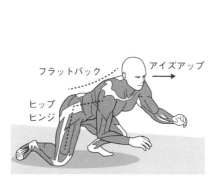

図14　タックルのPG
目線をあげる姿勢

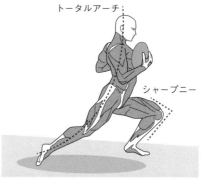

図15　ボールキャリアのPG
股関節を使う姿勢

　もう一つ大切なことはパフォーマンスチューブ（p.183 **図2**）に対して、何がボトルネックかを知ることです（**図16**）。

　ボトルネックは瓶の首先が細くなっていて、水の流れを抑えている部分になります。練習を進めていると、PGを邪魔する存在が出現します。例えば、過去の怪我や癖から、ジャンプ時に重心が右に偏ってしまう、普段から猫背気味で

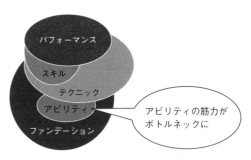

図16　パフォーマンスチューブのボトルネック

ストップ動作をすると体重が踵へ残り過ぎて次の加速が遅れる、横のフットワークは得意だけどその後のストップ動作でバランスが崩れレシーブが安定しない、急に体重が増えたなど、身体のコンディションに関する課題

がよく起きます。また、環境変化（暑熱環境、時差、サーフェス等）や、心理的不安もボトルネックとなります。何がつっかえ（課題や問題）になっているか理解し、アクティベーションやリカバリーの時間で取り除くことができれば、水がスムーズに流れだすようにPGへと近づくでしょう。

②パフォーマンスチューブの定量化

　ゴールに必要な、体の可動性、筋力、バランス・安定性、持久力を定量的に評価することで、能力（アビリティ）、土台（ファンデーション）の過不足が分かります（**図16**）。その上で、改善に適した手段としてストレッチング、筋力トレーニング、バランストレーニングなどが必要か、または技術の反復を必要とするかを選択します。そして、再評価をすることで、選択したトレーニングの有効性と方法の変更の必要性を知ることができます。そのためにもパフォーマンスの評価、さらにチューブ要素の定量的な評価を計画的に行いましょう。

　このように情報を活用できる力を**データリテラシー**といいます。ここで、データを正しく活用するために次の点を抑えておきましょう。

データを活用する力（データリテラシー）の留意点
①目的に合った情報を集める（妥当性）
②正確な情報を集める（信頼性・再現性）
③情報を比べる、変化がわかる（比較分析）
④データへの気づき変化、異常値・エラー値がわかる
⑤未来へ活用する（判断材料にする、予測・計画する）

　ここから次ページの（2）パフォーマンスのためのアビリティ評価まで読み進み、次の問いに答えられるようにしましょう。

　ファンデーションとアビリティの
●選択した評価項目は何ですか？

●その評価のエラーが起きやすい状況は何ですか？

●結果の判断基準はありますか？

●よかった場合、悪かった場合のアクションは何ですか？

　特にファンデーションや動作は、反復することで改善されます。**図17**で示されるように、パフォーマンスゴールに向かうために、個人の現状にあった準備（**パフォーマンスプレップ**）が重要になります。ファンデーションやアビリティ要素を含む、メディカルプレップやフィジカルプレップ内のボトルネックを改善しながら、PGに向けた実践から評価を日々繰り返しながら、実行と改善をできる力を身につけていくと良いでしょう。

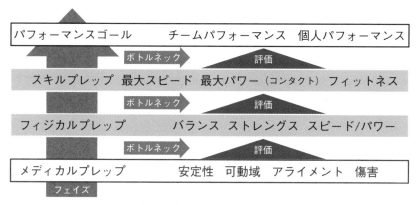

図17　パフォーマンスプレップの構成図
（太田千尋, ラグビーのフィジカルトレーニング,ベースボール・マガジン社, 2021）

（2）パフォーマンスのためのアビリティ評価

　アビリティ（速さ、強さ、持久力）に含まれる機能は、さらに大きく分けて5つの要素があります。

> アビリティ5要素
> ①筋力　②速さ　③敏捷性　④パワー　⑤持久力

パフォーマンスチューブのアビリティの現状と特徴を知り、トレーニング計画へつなげていきます。スポーツは、対戦相手や課題に対し、速く、強く、巧みに、持続的に動作を実行することが求められます。また動作の速度が上がったり、複雑性が高まったり、反復する回数が増えると体への負担がより大きくなります。そのため、アビリティを高めることはパフォーマンスと外傷・障害予防のために役立ちます。

①筋力（ストレングス）

　筋力評価は、一度で上げられる最重量「最大筋力」を測ります。最大筋力は、より重いものを動かす力だけでなく、筋力が上がることで動作をより素早くそして楽に行う上での土台となります。筋肉をエンジンと考えると、軽自動車のエンジンで10tトラックを動かすことは不可能でなくとも燃費が悪くなります。逆に10tトラックのエンジンは軽自動車を簡単に動かせます。このように筋力は速度や持久力の土台にもなります。

　また、運動方向によって、動作とそれに関わる筋肉が変わるので、目的に合わせて計測種目を選択する必要があります。

【計測種目　例】
下半身：スクワット、デッドリフト、立ち上がりテスト（**図18**）など
上半身（押す）：ベンチプレス、腕立て伏せ
上半身（引く）：懸垂、ベンチロウ

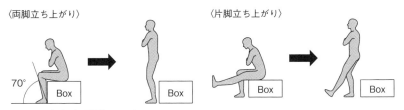

〈両脚立ち上がり〉　　　　　　　　　　〈片脚立ち上がり〉

70°

図18　立ち上がりテスト
（山本利春, 村永信吾, Sportsmedicine, 41:38-40, 2002）

立ち上がりテストで評価する体重支持筋力（WBI）は、片脚で体重をどの程度支えられるかを意味します。スポーツ選手の場合、少なくとも1.0以上（片脚で体重分を支えられる）が怪我の予防からも必要です（**図18**）。

【評価方法】

・1RMテスト（RM＝最大挙上重量）

　1度に上げられる最大重量を記録として取ります。前提として正しいフォームで行うこと。普段行わない重量や無理矢理な動作は怪我につながりますので、練習や動作が不十分な場合は、高重量ではなく、3〜5回上げられる重さで行うか、自体重の種目を選びます。

【計測方法】

　テスト前に、あらかじめ目標とする重さと回数を決めておきます。

● ウォーミングアップセットの実施

　始めは疲労感なく軽くできる重量の軽〜中負荷5〜10回を、実施するフォーム、動作の始点、終点、速度を本番と同じように行う。次に2〜5回を2セット行いテスト試技に進む。

● テスト試技

　1RMはかなりの高重量を扱うため、疲労と怪我のリスクを考えて、テスト試技は3回までとします。1回目の試技で成功したら、上半身は2.5〜5kg、下半身は5〜10kg増加以内で次の試技を行います。不慣れな場合、始めは重量を落として、3RMを計測し1RM推定式で結果を評価することもできます。その場合、種目ごとに使用した推定式も記録をしておきましょう。

● テスト時の補助

　高重量を扱うため、補助者はできるだけバーベル近くに位置し、試技者と呼吸を合わせていつでも入れるようにしておきます。スクワットは、バーの両側に一人ずつ、後方に一人入ることが望ましいです。安全のために、セーフティーバーなどの設置、または上がらない場合はしゃがみ込むよう指示します。

● 張力下の時間（TUT）を保つ

　TUTは、筋肉に力をかけ続けている時間を意味しますが、トレーニング中の重量の上げ下ろしの時間（テンポ）に使われます。TUT 2：1：2とした場合、下ろし始めからエンドポイント（動作の最後）まで2秒、そこで1秒保持、上げ始めて開始姿勢まで2秒で戻ります。テストの場合、反動を使わないで安全性を保つため、特に下ろす速度、保持する時間を決めておきましょう。

● 現場的視点

　テスト日を決めて計測すると、モチベーションや事前の計画にもつながり有効です。一方、計測時間が取れないことも多くあります。

　その場合、日々のトレーニングの重量と回数を記録して、1RM換算すると良いでしょう。

②速さ（スピード）

　陸上で行う競技の多くは、1歩2歩の加速や走る最高速度が高いと有利になります。さらに球技や格闘技、審美系競技ではこのスピードを自在に操る力が必要となります。

　それでは走速度の成り立ちを見てみます。小学校低学年と高学年の50m走をGPSによって計測し、速度と加速度（1秒間にどれだけ速度を上げることができたか（m/秒/秒）を単位として表したもの）の変化を時間と距離

ごとに計測すると、50m走のスタートから1〜2秒で加速度が一気に高まり、速度も同じように上がっていきます。その後2〜3秒、距離にして10〜20mぐらいまでに加速度は大きく減少しますが、速度は緩やかに上昇し、5〜6秒ほどで速度がピークに達します。時間軸で見ると、学年が異なっても同じことが起こっていますが、加速度と速度そのものの大きさの違いが、タイムの違いにあらわれます。

また、50mのタイムが同じでも、始めの10mが速い人と後半の30〜50mが速い人がいるなど走る力の特徴があります。それはスタート局面とスピード維持局面の動作の違いによっても起こり、自分の特徴、向上のポイントを理解するためにも、できれば10mごとのタイムや速度変化が分かる機器で計測すると良いでしょう。

ストップウォッチ計測は、測る人によりタイムが50mで0.2秒ほど違うこともあります。スタートとゴールのタイミングの基準を決めたうえで、計測になれている人が毎回計測しましょう。光電管によりタイム計測装置、GPSなどでも測れるようになってきましたので、検討してみてください。

【注意事項】

• ストップウォッチ

計測に慣れた人が行う。スターターの手が振り下ろされた瞬間にスタートを押す。ゴールライン上に胸が触れた時をゴールとする。スタート姿勢を統一する。

• 競技に応じた測り方

同じスピードの測り方でも、競技に応じて特徴を出すと良いでしょう。
（例）
ラグビー：ボールを持って走る。距離は30〜40mまで。
バスケットボール：距離は5m、10m、20mと細かく設定する。
スタートの仕方：自分のタイミングでスタート、スターター合図によるリア

クションでスタート

スタートの開始姿勢：うつ伏せ、頭がゴールと反対向き、停止、助走つきなど

③敏捷性（アジリティ）

　加減速、方向変化、切り返し動作を加えた素早さを見ます。球技系競技や格闘系競技、審美系競技では特に素早く細かい動きが求められるため、敏捷性を評価しましょう。

　測定方法を４つ紹介します（**図19-1〜4**）。

● 横方向の敏捷性を評価する

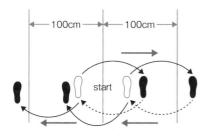

図19-1　反復横跳び

スタート地点（白い足型）に立ち、図版のようにスタート地点に戻りながら、右側、左側を往復する。

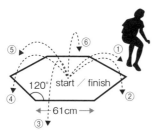

図19-2　ヘキサゴンアジリティテスト

六角形の中央（start／finish地点）で、両足を揃えた状態で、正面（最初に飛び越える線）と正対して立つ。スタートの号令で両足ジャンプで線を越え、正面向きのまま同じ線を越えて六角形の中央に戻る（①）。体の向きは常に正面のまま、各辺に対して同様の動きを繰り返す（②〜⑥）。これを３周続け、終了した時間を測定する。このセットを２回行い、ベストスコアを記録として採用する。時計回り、反時計回りの両方でベストスコアを記録する。反時計回りと時計回りを比較することで、左右の運動技能のアンバランスがあるかどうかがわかる。

・前後の切り返しの敏捷性を評価する

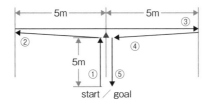

①～⑤の動きをノンストップで行う。
①スタートから前方移動しターゲット（▲）をタッチ、②左ラインまで移動、③右ラインまで移動、④中央に戻り、⑤スタートに戻る。実際の動きは動画#20「コーン往復走-左右前後-」をご覧ください。

図19-3　プロアジリティテスト

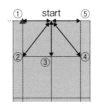

テニスコートのラインを使用するイメージです。エンドライン中央がスタート。①に置いてあるマーカー（▲）をタッチし、スタート地点に戻る。続けて②～⑤の順で同様に行う。

図19-4　5方向走（スパイダー）テスト

④パワー

　パワーは力に速度をかけ合わせたもので、自分の体重や、体重以上のものをいかに速く動かすか、遠くへ飛ばせるかで評価します。代表的な評価方法は次のとおりです。

・垂直方向のパワーを評価する

図20　垂直跳び

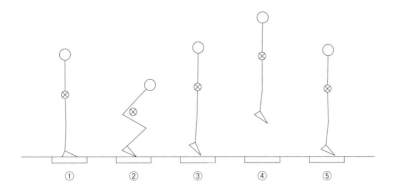

図21-1　スクワットジャンプ（カウンタームーブメント：反動動作）
手を腰に当てた姿勢①から、沈み込む姿勢②をとり、跳躍する（③〜⑤）。

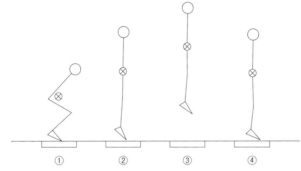

図21-2　スクワットジャンプ（コンセントリック：短縮性収縮）
手を腰に当て、膝を90度に曲げて静止した姿勢①から、反動動作を使わずに跳躍する（②〜④）。

● 水平方向のパワーを評価する

　　立ち幅跳びで評価します。ジャンプは腕振りや反動ありの場合は全身のパワー、なしの場合は純粋な下半身のパワーになります。

● スローのパワーを評価する

　メディシンボール投げ4方向で評価します。上半身を主に使う、投擲や野球、バレーボールなどで使われることが多いですが、パワーは下半身から上肢に伝わるため、全身のパワーを見ているともいえます。

1. チェストスロー（前方）:特に体幹と上半身の押すパワー
2. オーバースロー（前方）：特に体幹と上半身の前スイングパワー（**図22上図**）
3. バックスロー（後方）：下半身から背筋までの後ろスイングパワー（**図22下図**）
4. サイドスロー（側方）：水平方向への回旋パワー（**図23**）

図22　オーバースロー・バックスロー

図23　サイドスロー

⑤持久力（コンディショニング／フィットネス）

　中長距離系種目では、パフォーマンスの中心として必要な能力となります。その他の競技種目でも、パフォーマンスを維持継続する大切な能力です。また、急な練習負荷に怪我なく耐える力とも関係があるといわれています。このため、パフォーマンスと怪我防止の観点から、持久力はファンデーションにもアビリティにもなります。計測方法は、できる限り競技の動作統制に近い形で行い、パフォーマンスに関係性のある持久力を評価しましょう。

・持久走　1000m、500m走など

　陸上トラックなどを使って、距離を正確に測り、到達時間を評価します。競技特性上、切り返しの少ない中長距離選手などの評価に適しています。

・シャトルラン

　一般的にテスト用の音源をもとに速度を上げながら行われます。

　1.　20mシャトルラン：速度は8.5km/h（20mを8.5秒で走る）から始めます。（**図24-1**）
　2.　Yo-Yoインターミッテッドリカバリーテスト：20mを往復走行に、5mの回復歩行。（**図24-2**）サッカーやバスケットボール、テニスなど、運動と休みを繰り返すような間欠的運動競技の選手の評価に適しています。

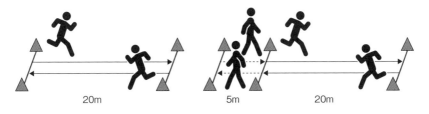

図24-1　20mシャトルラン　　**図24-2　Yo-Yoインターミッテッドリカバリーテスト**

トレーニング計画 実践方法を知る

● トレーニングの３つの原理と５つの原則を知る。

● 目的に合った「年間計画」を立て運動を実践する。

● 体調を把握し「コンディショニング管理」能力を身につける。

1 トレーニングの原理・原則について

　安全かつ効果的にトレーニングを計画し、実践するために３つの原理と５つの原則を知っておきましょう。

（1）トレーニングの原理（守らないと効果が期待できないこと）

①過負荷の原理：楽にできるトレーニング負荷よりやや強い負荷（刺激）を与える

②特異性の原理：実施（部位・内容）した状態にしかトレーニング効果は現れない

③可逆性の原理：トレーニングは中止すると効果は失われてしまう

（2）トレーニングの原則（効果を上げるために配慮すること）

①意識性の原則：トレーニング実施者は、その目的を理解し意識的に取り組む

②全面性の原則：全身バランスよくトレーニングする

③個別性の原則：個人の能力に合わせて実施する

④漸進性の原則：トレーニング負荷は徐々に高めていく

⑤反復性の原則：ある一定期間、規則的にトレーニングを繰り返す

2 パフォーマンス・トレーニング計画・実践

（1）トレーニングを計画

　年間の運動計画されたものをピリオダイゼーションと呼び、トレーニング期間としては「準備期」に体力づくりと技術的な基礎強化に取り組み、「試合期」は最大のパフォーマンスを目指します。「移行期」は少量と低強度トレーニングで速やかな回復と次の準備期間への準備を促します。「一般的準備」は全体的なフィジカルトレーニングの強化で初期は広範囲で多くの低強度の運動を実践し徐々に強度を上げます。「特異的準備」は競技に近づけた運動で少し強度を上げ少量のトレーニングに移る時期といえます。

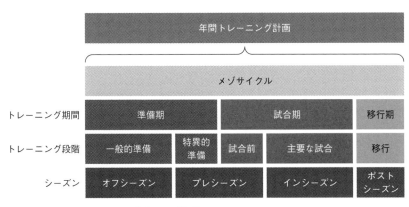

図25　年間トレーニング計画の構成
（Duncan N. French 他（編），NSCAスポーツ 科学の基礎知識，NSCAジャパン，40-41, 2023）

（2）怪我予防のためのウォーミングアップ

　ウォーミングアップの目的は以下の通りです。痛みの有無、呼吸、左右のバランスなど身体の状態に耳を傾け、運動できるかどうかを確認します。身体の状態をこれから行う主運動（競技やトレーニング）に向けて整えます。

・体温や筋温を高め、筋肉への血流量を増加させる

・関節可動域を広げ、柔軟性を高める

・反応時間の向上、効率の良い滑らかな動きを促す

chapter
6

女子アスリートのパフォーマンスを正しく引き出す
―ストレングス＆コンディショニングとケア―

同時に競技のイメージトレーニングや意識を集中させる状態をつくり上げ心の状態を主運動に向けて整えます。

①ウォーミングアップの手順
　準備運動を行う際は、体温を上げることを重視し環境の温度に配慮すること。自ら身体を動かすアクティブウォーミングアップを中心に構成すること。さらに主運動（競技）の特性に考慮した、専門的な動きを取り入れることに注意して行いましょう。

主要部位をほぐす	全身運動	静的ストレッチ	動的ストレッチ	専門的な動き
例　テニスボールやストレッチボールでリリース	ジョギングやバイクで全身の体温・筋温を上昇	特に疲労を感じる部位をよく伸ばす	特によく使う筋肉を動かしながらよく伸ばす	徐々に主運動の動きへ近づける

図26　一般的なウォーミングアップの流れ

②怪我予防プログラムの一例
　10代の女子アスリートに多いとされる膝前十字靭帯（ACL）損傷は、1）止まる、2）着地、3）切り返し、4）方向転換などの片足接地での急激な減速時に、地面からの衝撃をうまく吸収できずに起こることが多いとされています[5]。ACL損傷が起きやすいポジションは、1）重心が足部より後方にある踵からの接地、2）膝が曲がらず硬い着地、3）重心が着地足側に傾いて膝に外反（ニーイン方向）ストレスが増加している状態です。これらのことから、片足着地動作での前後・横方向の体幹・下肢コントロール能力を改善すること、適切な着地テクニックの習得のためのエクササイズがウォーミングアップに含まれることが望まれます。実際の動きは動画#2「片脚スクワット」、#9「ジャンプ＆着地」、#10「パワーポジションでのストップ動作」をご覧ください。

● エクササイズ例

図27　両脚ジャンプから片脚着地
（左：ジャンプ、右：片脚着地）

図28　パワーポジショ
ンでのストップ動作

（3）トレーニングの実践（筋力・瞬発力・持久力）

　毎日の運動に変化をつけて運動効果の伸び悩みを減らします。

　シーズンにより持久力を向上させたい月やスピードを向上させたい月など
ありますが、その中でも1週間の中に筋力、持久力、瞬発力の強化、休養日
を導入しバランスよく身体づくりすることを推進します。（**図29**）

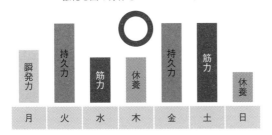
毎日変化（運動の種類や量）をつけて
強化を図り身体をコントロールする

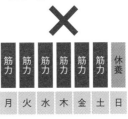
毎日同じメニューで変化がない
運動は怪我を誘発しやすく発達
の促進の妨げにもなりやすい

図29　トレーニング内容の構成（1週間）

表3　目的別強化：エクササイズ回数・セットの例

運動初期 導入を計画	筋持久力（動きづくり）・身体を支える演習		
エクササイズ回数	5〜15（個人差を配慮し安定したフォームの回数）		
セット数	2〜3（セットが継続できる程度）		
セット間休憩時間	2〜3分して回復できたタイミング		

PHVピークにて 筋力UPを計画	筋持久力	筋肥大	パワー
エクササイズ回数	15〜30	5〜15	1〜5
セット数	2〜3	2〜3	3〜5
セット間休憩時間	30〜60	90〜120	180

①筋力の強化　　　　　　　　　　　　　　　　　　　　　　　QR

　筋量を増加させ体脂肪のコントロールや下肢筋力をつけ、めまいや立ちくらみを対策します。ストラクチュアルエクササイズ（背骨の長軸方向に負荷が加わる）であるスクワット等は、骨密度低下の予防をします。トレーニングの初期は、「基礎強化」「持久力・筋力（筋持久力）向上」を主に実施します。トレーニング基礎が積みあがり、PHVのピークになると、パワー強化やウエイトを活用したトレーニングも実践しやすくなります（**表3**）。実際の動きは動画#11「スクワット」、#12「プッシュアップ」、#13「膝つきプッシュアップ」、#14「ランジ-スプリットスクワット-」、#15「プッシュプレス」をご覧ください。

②瞬発力の強化　　　　　　　　　　　　　　　　　　　　　　QR

　走りのテクニックの向上やジャンプトレーニング・方向転換を素早く行う動き（アジリティ）などが有効といわれています。トレーニング時期により種類を変えて、6〜10週間の範囲で実施します。発展形としてウエイトを用いた筋力トレーニングでパワーを強化し、瞬発力をデザインする方法もあります（**表3**）。実際の動きは動画#16「ウォールドリル」、#17「フォー

リングスタート-ジョギングバージョン-」、#18「フォーリングスタート」、#19「もも上げ-ニーアップスプリント-」、#20「コーン往復走-前後左右-」、#21「スクワットジャンプ」、#22「スタンディングロングジャンプ」をご覧ください。

③持久力の強化　　　　　　　　　　　　　　　　　　　QR

　「持久力」を強化する代表例を4つ紹介します。「LSD」は長い距離をゆっくりのペースで走る持続走（心拍数110~130拍/分で体温調整機能向上や脂肪燃焼）、「ファルトレクトレーニング」という自然の地形（森・砂浜でスタミナの限界値を向上）を利用する運動、「インターバルトレーニング」という速いスピードの急走期（180拍/分）と軽いジョグ（120拍/分）による休息を繰り返す運動（急走期：休息期比率1：1~1：3　心肺機能向上を狙う）、「サーキットトレーニング」という休息なく筋力エクササイズを5種目15回ずつ反復する運動（筋力・瞬発力・筋持久力・持久力の強化を狙う）です。5種目の例としては、スクワット、プッシュアップ、ランジ、腹筋、背筋があります（**表3**）。実際の動きは動画#23「サーキット」をご覧ください。

（４）コンディションチェック

　継続的に記録することで、アスリート自身が身体を理解し、コンディションをコントロールできるようになることが目的です。コンディション管理は、アプリやソフトウェアを利用すれば、コーチやトレーナーとデータを共有することができるため、個々の選手のコンディション情報を可視化し、トレーニング強度や量の調整、怪我の予防に役立てることができます。女子アスリートの体調管理を目的としたモニタリングでは、以下の項目を考慮します。

①起床時脈拍数	②基礎体温	③睡眠時間/質
④体重	⑤体脂肪率	⑥月経周期
⑦主観的コンディション	⑧食欲	⑨トレーニング強度
⑩疲労感	⑪心理的ストレス	⑫故障の程度
⑬その他気づいたこと		など

①～⑬の項目をふまえたコンディショニングチェックシートを作成しています。記入例（**表4**）を参考に活用してください。

　コンディショニングチェックシートは、ダウンロードして使用できます。特典コンテンツのご案内（p.228）を参照ください。

表4　コンディショニングチェックシートの例　QR

2024年／1月	1	2	3
起床時心拍数（回/分）	52	53	50
基礎体温（℃）	36.34	36.35	36.31
睡眠時間	8:00	7:30	8:00
睡眠の質	4	4	5
体重（kg）	54.3	54.2	54.6
体脂肪率（%）	19.5	19.8	19.8
月経周期	1	2	3
主観的コンディション	4	4	5
食欲	5	5	5
トレーニング強度	5	4	4
疲労感	2	4	4
心理的ストレス	2	2	2
故障の程度	1	1	1
その他気づいたこと	腹痛	腹痛	

目覚めてすぐにリラックスした状態で測定。①親指の付け根にある橈骨動脈に人差し指・中指をあてて15秒間の回数を数える、②×4をして1分間あたりの回数を計算。普段の平均より1分間あたり10回以上増加している場合は、オーバートレーニング症候群の疑いあり。

目覚めてすぐ起き上がる前に舌下、婦人体温計で小数点第二位まで記録し、グラフ化する。低温期と高温期が確認できれば女性ホルモンが正常に分泌されていることがわかる。

寝ついてから目覚めまでの時間。8時間以下の場合、怪我のリスクが1.7倍になる。

5段階で評価し数字のみ記入（5 高い、4 やや高い、3 普通、2 やや低い、1 低い）。月経前は夜間に深部体温が下がりにくいので質が落ちる場合がある。

自宅に体重計があれば記入。起床後・排尿後・飲食/飲水前に測定（毎回 条件を揃えること）。月経周期による体重変動は主に水分量の変化によるもので個人差が大きく、2kg近く増えることも。急激な減少は無月経のリスクとなる。

月経開始1日目を"1"、月経2日目を"2"と数字を入れていき、次の月経が始まったらまた"1"を記入する。正常周期（25〜38日）を逸脱、3カ月以上月経がきていない場合は婦人科受診を勧める。

5段階で評価し数字のみ記入（5 高い、4 やや高い、3 普通、2 やや低い、1 低い）。月経周期と照らし合わせてコンディション変動の傾向を把握し、それぞれの対処を行う。

月経前や月経中の症状・怪我の状態などのメモ。トレーニング内容の記録などと照らし合わせ、コンディションの変動との関係性を検討する

chapter
6

女子アスリートのパフォーマンスを正しく引き出す —ストレングス&コンディショニングとケア—

トレーニング・活動環境の管理

| 学習のポイント |

● トレーニングや競技を安全に実施する上で大切な環境設定を知る。

1 トリプルHと安全配慮義務

　2005年〜2016年の中学・高校部活動中の死亡事故は、198件起こっています[6]。その原因の約80%はトリプルHと呼ばれる三つの傷害（Heart：心肺停止、Head：頭頚部外傷，　Heat：熱中症）に該当します。

　指導者には選手（生徒・学生）がその生命、身体等の安全を確保できるよう**安全配慮義務**があります。よって事前に危険や事故のリスクの予測、改善、準備、呼びかけが重要になります。

2 安全管理の3要素「コト・ヒト・モノ」

　スポーツ現場での安全管理には次の3要素にアプローチしていく必要があります。
コト：傷害予防のガイドラインやルール、緊急時対応計画やマニュアルを準備する。
ヒト：指導者間での情報の共有や選手や保護者への啓蒙活動を行う。
モノ：練習環境の点検、安全の確保を日々行う。緊急時に必要な備品や応急処置の消耗品などを揃える。

3 緊急時対応計画

　どの活動現場にも必ず緊急時対応計画（EAP）を作成しなければなりません。EAPは現場に合わせた必要な情報や図を入れますが、次の三つの要素を取り入れ周知すると良いでしょう。

　・緊急時連絡網　　　・搬送経路　　　・備品の配置場所

（1）緊急時連絡網

　緊急時の連絡優先順位、連絡方法、連絡内容などを一目でわかるように示します。（**図30**）

図30　緊急連絡方法掲示例

（２）搬送経路

　救急車の導線や担架の搬送経路を示します。

（３）備品の配置場所

　活動中に怪我が起こった場合、すぐに対応できるように基本的なファーストエイドキットを活動現場にまとめておくことをお勧めします（**表5**）。

　また、活動範囲内のどこに自動体外式除細動器（AED）が設置されているのか、一目でわかるように掲示しておくことも大切です（**図31**）。

表5　活動現場に必要な備品

救急	AED、担架、スパインボード、車椅子、松葉づえ
バイタル	血圧計、パルスオキシメーター、体温計、深部体温計
止血	ガーゼ、包帯、三角巾、固定材、バンテージ、ゴム手袋、トゥースキーパー、ステリーストリップ、絆創膏、鼻ポン、コンタクト用品
アレルギー	喘息吸入器、エピペン、ブドウ糖、ポイズンリムーバー
熱中症	プール、製氷機（氷）、タオル、ブルーシート、経口補水液

図31　AED・緊急時備品の設置場所（掲示イメージ）

4 女性に配慮した救命処置

　女性の救命処置対応として、群衆をコントロールするなどプライバシーに配慮しながら（ブルーシートなどを目隠しとして用意）、躊躇せず迅速な救命処置ができるような準備や予備知識を組織内で共有しましょう。指導者としてファーストエイド、救命処置講習を受講しておくことをお勧めします。

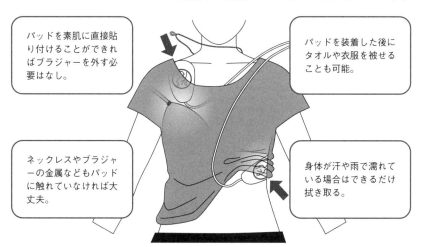

> パッドを素肌に直接貼り付けることができればブラジャーを外す必要はなし。

> パッドを装着した後にタオルや衣服を被せることも可能。

> ネックレスやブラジャーの金属などもパッドに触れていなければ大丈夫。

> 身体が汗や雨で濡れている場合はできるだけ拭き取る。

図32　女性に配慮したAEDの使い方

参考文献

1　Mgr. David Zahradník. The Introduction into Sports Training, Masaryk University, Brno 2017
2　Fox, Edward L. Sports physiology.Philadelphia, PA: Saunders College Pub, 1984
3　Casadei, K. and J. Kiel, Anthropometric measurement, 2019
4　折原将太 他，Leg-Heel-Angleにおける測定方法別の検者内・検者間信頼性，理学療法の科学と研究. 3（1）: 39-43，2022
5　Larwa J et al., A Systematic Review on Documented Anterior Cruciate Ligament Ruptures in Male and Female Athletes. Int J Environ Res Public Health. 6;18（7）:3, 2021
6　Hosokawa Y et al., Epidemiology of sudden death in organized school sports in Japan. Injury Epidemiology, 8（1）:27, 2021

特典コンテンツのご案内

1252エキスパート検定WEBサイトにて会員登録をしていただくことで、書籍購入特典として、 QR のアイコンを付与したパフォーマンス動画の閲覧と、コンディショニングチェックシート（PDF形式）のダウンロードが可能となります。

まだ会員登録がお済みではない方

1252エキスパート検定WEBサイトにアクセスし、会員登録を行ってください。
会員登録完了後にログインし、スマートフォンの場合は下記のQRコードから、PCの場合は下記のURLにアクセスすることで、「書籍購入特典ページ」に遷移します。

会員登録がお済みの方

すでに会員登録が完了している方は、スマートフォンの場合は下記のQRコードから、PCの場合は下記のURLにアクセスし、ログインすることで、「書籍購入特典ページ」に遷移します。

https://1252expert.com/chap6_movie

注意事項 --

- ・スマートフォンから「書籍購入特典ページ」にアクセスするためには、その都度、上記のQRコードを読み取る必要があります。
- ・PCにおいて、ログイン中にコ「書籍購入特典ページ」が表示されなくなった場合は、再度、上記URLからのログインをお願いいたします。

これからの教育のカギとなる月経リテラシーとその展望

今、ヘルスリテラシーの一つとして月経リテラシーという言葉が提案され始めています。私たちの知識の底上げをはかるために、課題を解決するために、何をするべきか。本項では最新の研究成果をもとに考えます。

小塩靖崇
国立精神・神経医療研究センター 常勤研究員

最上紘太
一般社団法人スポーツを止めるな共同代表

伊藤華英
競泳オリンピアン／一般社団法人スポーツを
止めるな理事・1252プロジェクトリーダー

月経リテラシーとは（仮）

小塩 2023年に月経リテラシー（menstrual health literacy：MHL）に関する論文が発表されました。健康の維持増進のために必要な月経に関する情報を入手、理解し、活用するための知識、意欲、能力について記されています。

伊藤 今まで言葉としてなかったですよね。月経リテラシーとはどのように扱われているのでしょうか。

小塩 1252プロジェクトの取り組みの背景とも合致しているかもしれません。女性自身、周囲の人、社会全体の風潮として、自分の月経症状は正常で我慢できる、自己管理できるという考え・信念がある場合があります。心理

的バリアがあって会話もできないので比較もできず、治療の選択肢を知らない。専門家に頼っていいのかわからないという問題。また、女性だけでなく男性を含めた社会全体として、月経は恥ずかしく不純だという認識があるため議論されにくいという状況を踏まえ、ヘルスリテラシーの一部として提案されました。そこでは「機能的ヘルスリテラシー」「相互作用的ヘルスリテラシー」「批判的ヘルスリテラシー」の三つに分けて説いています。

■ ヘルスリテラシーの種類

機能的（functional）ヘルスリテラシー

・日常生活場面で役立つ読み書きの基本的能力をもとにしたもの

・健康増進・リスク、保健医療の利用に関する情報を理解できる力

相互作用的（interactive）ヘルスリテラシー

・より高度で、人とうまくかかわる能力（ソーシャルスキル）を含んだもの

・日々の活動に積極的に参加し、様々な形のコミュニケーションから情報を入手し意味を理解する

・変化する環境に新しい情報を適用できる能力

・サポートが得られる環境で発揮できる個人の能力

・知識をもとに自立して行動する、得られたアドバイスをもとに行動する意欲や自信を高められる能力

批判的（critical）ヘルスリテラシー

・情報を批判的に分析し、日常の出来事や状況をよりコントロールするために活用できる力

・健康を決定する社会経済的な要因について知り、社会的政治的な活動ができる能力

（Health Literacy ヘルスリテラシー 健康を決める力HP
https://www.healthliteracy.jp/kenkou/post_20.html）

伊藤 10代の方には難しいかもしれませんが、まず指導者の方に理解してもらうことができれば、その指導を受ける学生の皆さんのリテラシーも高まるかもしれませんね。

小塩 たとえばアスリートのメンタルヘルス課題は、課題を解決するには個人の責任でできることばかりではなく、周囲のスタッフ、チーム、そして社会としても考え、全員で取り組んでいくべきだといわれています。月経についても同様で「月経周期がパフォーマンスに影響を与えているかもしれない」とコーチに話した時に、「わからない」と言われたらもう相談しようと思わ

スポーツ界におけるMHL

ないですよね。「一緒に考えよう」と、課題解決のために自分の立ち位置を理解して行動することが必要です。

伊藤 選手の立場から言えば、孤立した状態をつくらず一緒に考えていくことが理想です。それができるだけでもだいぶ変わるはずです。

小塩 コーチにおける月経リテラシーというのもあるのですが、自身の経験に基づいたコーチングになってしまうのが課題にあります。経験だけでなく根拠に基づいた情報をアスリートに届けられる教材が必要です。

月経教育の普及に向けて

小塩 今回の1252エキスパート検定のように、生理の知識についてここまでの知識があるという指針があると、選手にとって相談先として一つの選択肢になるかもしれない。加えて、医療者の介入も大事なポイントです。一般的な月経リテラシーが1252プロジェクトの情報発信によって広がり、医療者につながった時に、人によって言うことが異なることがあり得ます。将来的には1252 for medical studentsというようなカリキュラムも必要でしょう。長期計画で底上げに取り組んでいくことが重要だと思います。

伊藤　そのためにも、まずは月経リテラシーという言葉が意味を持って広がるといいなと思います。

小塩　AIS（オーストラリア国立スポーツ研究所）では、Female Performance & Health Initiativeという教育プログラムが示されています。研究者とともにつくられた15分の教育コンテンツ動画なのですが、誰もが簡単に見られることも利点です。

伊藤　月経というのは奥深く幅広い分野。みんなに届けられ、誰もが知ることができるようにするためにも多くの方の力が必要ですね。

小塩　1252プロジェクトは、これまであまり語られてこなかったことを言葉にしてディスカッションのきっかけをつくりました。こうして光が当てられたからこそ、その課題に気づいた専門家や研究者もそれぞれの好事例をシェアして、よりよい社会に提供していく。スポーツ界からの発信が一般社会にも影響していく、社会貢献度や注目度の高い取り組みとしてこれからも応援しています。

構成・文／スポーツライター・田中夕子

chapter 7

女子アスリートのこころを
正しく支える
―コミュニケーション―

指導者とアスリートのコミュニケーションは、

アスリートのこころに大きく影響を及ぼします。

女子スポーツでは、指導者とアスリートが異性の場合も多く、

適切なコミュニケーションが重要です。

この章では、心理学、コーチング、ハラスメント、

メンタルトレーニングなどの観点から、

女子アスリートと適切なコミュニケーションをとりながら

指導にあたるための見識を深めます。

女子アスリートのための
心理学とコミュニケーション

| 学習のポイント |

● より良いコミュニケーションのためには、心理学の知識が役出つ。
● アスリートの主体性を育てる言葉がけや聴き方を身につける。

1 コミュニケーションとは

コミュニケーションとは、一言でいえば情報のやりとりのことですが、人間関係が基盤になっていることから、単なる客観的事実の伝達だけでなく、思考や感情の交流も生じます。コーチとアスリートとの人間関係には、社会的役割に基づくソーシャルな関係と、個人対個人としてのパーソナルな関係が常に交錯しあっています。したがって、どのような人間関係のもとで、何を伝えるか、そしてどう伝えるかによって、コミュニケーションの影響は異なります。コーチとアスリートとのコミュニケーションの場面では、アスリートの成長を促すような効果が期待できる一方で、アスリートを傷つけたり、ハラスメントなど不適切な指導とみなされることも起こりえます。影響が好ましいものになるかどうかは、コーチがどのような人間関係のもとで、何を、どう伝えるかにかかっています。コーチにはアスリートを傷つける意図がなくても、それが起こりうることに注意が必要です。

2 言葉がけの工夫

コーチからアスリートへの声かけには、**指示**（tell）、**提案**（sell）、**質問**（ask）などがあり、アスリートの状況に応じてこれらをうまく使い分けて

情報を伝達すると良いでしょう。例えば、練習メニューを提示する際に、「……しなさい」と指示するか、「……してみよう」と提案するか、あるいは「……か、または……かどちらが良いだろうか？」と質問するのでは、アスリートへの伝わり方が違ってきます。指示よりは提案、提案よりも質問の方がアスリートの自己決定の割合が大きくなります。初級者に対しては指示を多くすることが必要ですが、中級者から上級者になるに従ってアスリートの**自己決定**の割合を増やし、できるだけ決定権をアスリートに**委譲**（delegate）することができれば彼女たちの**主体性**を伸ばすことができるでしょう。

　伝えられる情報には言語的なものだけでなく、非言語的なものも含まれており、言葉にしていなくても、態度や行動によって伝わる情報があります。

　図1は、言語情報・聴覚情報・視覚情報が一致していないときに、どの情報が優先されるかを示したもので、**メラビアンの法則**と呼ばれています。この図に示す通り、上記が矛盾している場合、話の内容（言語情報）よりも表情や仕草（視覚情報）、そして声のトーン（聴覚情報）のほうが影響力が強いことがわかっています。以上から、たとえアスリートに対して支援的な言葉を発していたとしても男性コーチが腕組みをして見下ろしたり、ポケットに手を入れたまま話を聞いたりする態度は、女子アスリートからみて威圧的だったりぞんざいと感じられたりする場合もあるので、立ち居振る舞いには特に注意が必要です。

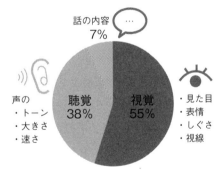

図1　メラビアンの法則

3 　自己盲点に気づく

　コミュニケーションは情報のやりとりですが、コーチはアスリートから、どのような情報を、どう受けるかも極めて重要です。アスリートの話を聞く時は、ただ単に言葉で表現されていることだけでなく、その背景にある理由や感情の動きにも注意をしていないと、アスリートが伝えたかった情報を受け取り損ねることもあるでしょう。そのためコーチは**カウンセリングマインド**を心がけ、**傾聴、共感、受容**のスキルを磨く必要があります。これらの対人スキルに加えて、対自分に対する**内省的な態度**（reflection）も求められます。

　この内省的な態度の必要性に関して、心理学には選択的注意に関する興味深い実験があります。この実験では画面上、白い服を着た人、黒い服を着た人３名ずつがバスケットボールのパスをする動画を観察し、白い服を着た人たちが何回パスをするかを数えることが課題として与えられます。この動画では、途中で黒いゴリラの着ぐるみを着た人物が通り過ぎるのですが、多くの実験参加者はそれに気づきません。なぜなら、実験参加者は白い服を着た人たちに注意を向けているため、黒い着ぐるみのゴリラには注意が向けられていないからです。

　同じ画像を見ていても、見えているものが異なるという事実は、コーチが観察の際、アスリートのどこに注意を向けるかによって認識されるものが異なることを示しています。例えば、コーチがアスリートの課題や欠点など、ネガティブな側面ばかり意識していると、強みや特長など、伸ばすべきポジティブな側面を見逃す恐れがあります。アスリートのポジティブな側面に目を向けるか、あるいはネガティブな側面に意識を向けるかによって、観察から得られる結果が異なることから、少なくともコーチは自身の先入観を絶えず内省的に確認しておく必要があります。言い換えれば、アスリートとのコミュニケーションの前に、まずは自分自身とのコミュニケーションを密にして、自己盲点に気づき、自己発見的に学ぶことが大切です。

4 ▶ 主体性を育てるコミュニケーション

　本章ではコミュニケーションを切り口に様々な専門的知見から女子アスリートの成長に資する視点を提供しました。その目指すところは、彼女たちの主体的な取り組みを支援することに他なりません。しかしながら、特に男性コーチが女子アスリートを指導する場合、コミュニケーションが必ずしも十分でない現状があります。男性が違いを認めて女性を理解し、尊重しようとするのは当然のことですが、より良いコミュニケーションの実現には、女子アスリートがコーチに対して自身の特徴を理解してもらうよう働きかけることも大切です。例えば、月経に関しても個人差が大きいため、自分に必要なサポートを具体的に伝えられるような、主体的なコミュニケーションが求められています。

　2023年4月25日より日本スポーツ協会はじめ国内の主要なスポーツ関係団体が主催者となって「NO！スポハラ」活動を始めています。ここではアスリートの主体性を大切にするプレーヤーズセンタードの考えのもと、「だれもが、安全・安心にスポーツを楽しめる環境」づくりが進められています。「NO！スポハラ」の実現のためにも、女子アスリートの主体的な関わりが重要になっています。

女子アスリートのこころを正しく支える　ーコミュニケーションー

02 女子アスリートのための コーチング

| 学習のポイント |

●女子アスリートが抱える課題を理解し、適切なコーチングを学ぶ。

1 女子アスリートの健康課題

　女子アスリートのコーチングでは女性が抱える発育発達や生理的機能、疾病のリスクなどに注意が必要ですが、中でも念頭におくべきなのが月経です。12歳前後で初経を迎えて以降、月経とうまくつきあいながら競技をしていくことになります。初経以降には、様々な身体的な変化が生じ、一時的に競技力向上が停滞もしくは落ちてしまう選手もいます。

　国立スポーツ科学センター（JISS）が行ったトップアスリートを指導するコーチへの調査では、選手の月経周期を把握していますか、という問いに43%が把握しているとし、どのような方法で把握しているかは、68%が選手に直接聞いているという回答でした[1]。コーチが月経を把握しておく必要があるかどうかについては、選手の年齢やレベル、選手との関係性などによっても違いがあるので正解はありません。

　大事なことは、**選手自身が自分の身体やコンディションを把握していること**であり、そのために基礎体温や月経周期、体重などのデータを記録しておくように指導することです。そして、**選手から質問や助言を求められた際に、コーチ自身が相談できる専門家や医療機関をもっておくことをお勧めします。**月経は個人差も大きく、女性特有の疾病が関係している可能性もありますので自身の知識や判断で軽々に指導しないようにしましょう。

2 コミュニケーション

　コーチとのコミュニケーションやチーム内での人間関係が、競技力にも影響を与える可能性があります。女性に対して根拠のないバイアスをかけてはいけませんが、多くの研究によって女性の特徴も明らかになっています[2]。例えば、女性は自分への評価が厳しく、他者からの視線や評価に敏感です。アメリカの発達心理学者スーザン・ピンカーの著書には「求人に応募したり自分がやると手をあげたりするとき、女性は100パーセント確信がなければいけないと思う。一方、男性は50パーセントの確信があれば、あとはハッタリでやれると思うのです。」とあります[3]。

　このように、何かに取り組む時の姿勢や結果への評価は男女によって違いがあるということです。結果が出ないことで自分を追い込んでオーバートレーニング症候群や利用可能なエネルギー不足を招く可能性もあります。評価は大会等の成績であると同時にコーチからの評価も重要です。自分がコーチから期待されているのか、期待に応えているのか、評価されているのか、といったことに女子アスリートは敏感です。他の選手と比較して、「あの子のほうがうまくやっている。あの子のほうが私よりもコーチの期待に応えて、評価されている」と考え、自分には価値がないと自尊感情を喪失してしまうこともあるでしょう。

　コーチは、すべての選手を平等に指導し、評価することは物理的に難しい場合もありますが、選手からみて公平・公正だと感じられるシステムをつくる（練習日誌などを活用して選手との意思疎通の機会を確保するなど）工夫をすることが望ましいと思われます。また、選手の価値は大会等の成績だけではなく、プロセスも評価していることが伝わるような声かけや指導を心がけてください。

　コーチングの際の言葉の選び方にも気をつけましょう。**信頼関係があれば何を言っても大丈夫**、と思いがちですが、コーチが何気なく発した一言が選手を必要以上に傷つけ、その傷が長い時間わだかまりとなって残ってしまう

ことがあるからです。特に身体的な特徴や容姿に関することなどは、思春期であれば過剰なほどの意識をもっていることが多いので気をつけたい点です。

3 ハラスメント

　女子アスリートへのセクシュアルハラスメントについては注意が必要です（ハラスメントの定義については、次項で取り上げます）。事例をみると、悪気があってやっているのではなく、認識の甘さや無意識に行っている行為が多く見受けられます。また、社会ではすでにセクシュアルハラスメントはもちろん、暴力暴言は許されないということが当たり前であるにもかかわらず、スポーツ界では未だに多くの事件が報告されていることは残念です。「私は大丈夫」「私はそんなことはしない」という過剰な自信をもっている人ほど問題を起こす可能性があるといっても過言ではありません。コーチと選手は上下関係が存在するために、選手がコーチの言動に不快感をもったとしても言葉や態度で表すことはできないと考えるのが自然です。だからこそ、コーチは自戒を求められるのです。

　一方で、選手との信頼関係を築くこともコーチングにおいて重要です。では、モラルやマナーに反するラインはどこにあるのでしょうか。コーチから「ラインが明確でないので困る」「そんな心配をしていたら指導できない」という質問を受けることもあります。相手が不快に感じるかどうかなので、正解はありません。ハラスメントが起きやすいのは閉鎖的な環境です。選手と二人きりにならない、二人きりになる場合にはドアを開けておく、などの配慮（p.243のチェックリストを参照）が必要です。**異性と接するときには、選手といえども社会通念上のルールを逸脱しない**、スポーツ現場が特別ではないということを肝に銘じてください。

　私たちは、スポーツに限らず、日本社会に依然として残る女性へのバイアスやイメージに少なからず無意識に支配されています。例えば、女性は依存心が強いと一般的にいわれますが本当にそうでしょうか。現代において女性という括りでそのように決めつけることは間違っています。女子アスリートを指導するコーチは、**自分がバイアスをかけているかもしれないという前提をもち、性別ではなく、個のアスリートとして、人間としての成長をサポートしていけるような指導を目指すこと**が求められます。また、女子アスリートを対象とした調査・研究も増えているので、指導者は最新の研究などにも目を通し、積極的に研修などにも参加して情報を収集するようにしましょう。

セクシュアルハラスメント的行為チェックリスト

チェック項目	チェック欄
①他に人がいない部屋に一人だけ呼び出す	
②専門的な資格はないが選手のテーピング、マッサージを行う	
③親近感も出るので女子は名前で呼ぶ	
④体型や容姿に関することをたびたび言う	
⑤挨拶や励ましのために体に触る	
⑥性的な経験について質問する	
⑦女子更衣室に入る	
⑧遠征や合宿などで同じ部屋に泊まる	

ハラスメントの定義

| 学習のポイント |

● ハラスメントの定義を知る。
● ハラスメントにあたるかどうかの線引きを知ることで、競技環境の
向上につなげる。

1 ハラスメントとは

「ハラスメント」という言葉を聴く機会は、ここ数年でかなり多くなって
きました。そのような中で「何がハラスメントにあたるか分からない」とい
う声や「何でもかんでもハラスメントと言われてしまったら、指導なんてで
きない」という声があります。

しかし、実際にはハラスメントには基準があり、そこを押さえていれば、
ある程度は予防できるものです。ここでは、スポーツに関わる皆さんが、よ
り有効に指導し、また指導を受けるためにも、「ハラスメントとは何なの
か?」を学んでおくことが大切です。

2 パワーハラスメント

「ハラスメント」とは、英語で「嫌がらせ」を意味する言葉です。

ここでいう「パワー」とは、「権力」を指します。つまり、権力を使って、
他人に嫌がらせをすること、これがパワーハラスメント(以下、「パワハラ」)
の大まかな意味となります。

パワハラの定義についてはいくつか提唱されていますが、スポーツの現場

で採用されている一般的な定義の一つでは、「同じ組織（競技団体、チーム等）で競技活動をする者に対して、職務上の地位や人間関係等の組織内の優位性を背景に、指導の適正な範囲を超えて、精神的若しくは身体的な苦痛を与え、又はその競技活動の環境を悪化させる行為・言動等」とされています。

ポイントとして押さえていただきたいのは、①**組織内の優位性を背景にしていること**、②**指導の適正な範囲を超えていること**、③**精神的・身体的な苦痛を与えるか、競技活動の環境を悪化させる行為・言動であること**、の3点です。以下、個別に解説していきます。

①組織内の優位性を背景にしていること

上で説明したパワーハラスメントの「パワー」＝「権力」の部分に対応しています。部活やクラブの中では上下関係が発生しやすいですが、このような状況の中で、コーチや先輩から嫌がらせをされた場合に、自ら反対の態度を示して止めてもらうことは難しいことが多いです。ですので、このような組織内の優位性を背景にしたハラスメントは特に防ぐ必要があります。

なお、近年会社などにおいて、部下が皆で一緒に上司に嫌がらせをするという「逆パワハラ」が問題になる事例も出てきています。どのような場合であっても、度を超えた嫌がらせは損害賠償の対象になることはありますので、後輩が先輩やコーチに嫌がらせをすることはパワハラの定義にあたらないから問題にならない、とは決していえないので注意してください。

②指導の適正な範囲を超えていること

これは、パワハラの基準として特に重要です。というのも、指導者の中には、ハラスメント行為であっても、それが選手の競技力向上につながると考えて行っている人もおり、そのような背景からパワハラが生まれるからです。

選手にとって良い感情をもてない指導であっても、それが指導の適正な範囲を超えない場合には、パワハラにあたりません。しかし、何が「**適正な範囲**」かは、競技特性、指導技術の水準や、社会一般的な視点でも妥当である

かどうかで判断されるので、指導者が「自分としては必要だと思う」という
だけで認められるわけではありません。

③精神的・身体的な苦痛を与えるか、競技活動の環境を悪化させる行為・言
　動であること
　ここで注意していただきたいのは、**身体的な苦痛だけでなく、精神的な苦**
痛を与える暴言なども含まれること、また、苦痛を与えることだけではなく、
競技活動の環境を悪化させる行為も含まれるということです。
　具体的には、身体的・精神的な攻撃の他、人間関係からの切り離し（仲間
外れや無視）、競技上の合理性がない過大な、または過小な要求、私的なこ
とに過度に立ち入ることなどがあげられます。特に、ルールを守らないので
練習に参加させない、というような行為は人間関係からの切り離しにあたる
可能性がありますが、安易に行う指導者が多いので気をつけてください。

3　セクシュアルハラスメント

　セクシュアルハラスメントの「セクシャル」とは「性的な」という意味で
すから、セクシュアルハラスメントとは「性的な嫌がらせ」という意味にな
ります。
　具体的には「相手を不快にする、性的な行動・言動」を指します。また、
その行為をした人がわざとやったかどうかに関係なく、被害者にとって意に
沿わないと受け止められる場合もセクシュアルハラスメントになる場合があ
ります。
　スポーツにおいてセクシュアルハラスメント（以下、「セクハラ」）が問題
になりやすいのは、上下関係が発生しやすく、嫌がらせをされても反対でき
ない雰囲気があること、また、指導の中で、密室や、身体的な接触が生じざ
るをえないと考えられている、ということがあげられます。しかし、そう考
えられているだけで、実際には、スポーツだからといって、密室や、身体的

な接触が必ずしも必要であるとは言いきれません。

　セクハラにあたるかどうかも、パワハラの項目で紹介した①〜③の定義が参考になります。特に、その身体的な接触が指導の適正な範囲を超えないかどうか、また、精神的に相手を傷つけていないか、さらに、私的なことに過度に立ち入っていないか、などを考える必要があります。

　また、異性間だけでなく、同性間でも生じますし、女性から男性に対する行為でもセクハラとされることもあります。

　加害者側から、被害者の意志に沿っていたという主張が出ることがありますが、その際には、**グルーミング（加害者が被害者に対し、特別扱いをしながら手なずける行為）** ではないか検討する必要もあります。

4 　防止のために考えること

　このように、ハラスメントの基準を考えていくと、ある程度の線引きはできていきます。このように普段から考えることは、決して皆さんの競技や指導を邪魔するものではなく、むしろ、指導方法をアップデートし、より環境を良くして、競技能力を上げる機会だと考えてください。

ハラスメント予防のための
コミュニケーション

| 学習のポイント |

● ハラスメントを予防する二つのポイントを理解する。
● 身体接触の考え方や月経への対応について理解する。

1　ハラスメントの要件と指導者/競技者間の権力関係

　ハラスメントを予防するためには、どのような状況で、どのような言動がハラスメントになるのかについて理解しておく必要があります。競技者の性別にかかわらず、指導者が競技者に対して行ったある言動がハラスメントになるか否かには、二つのポイントがあります。

　一つ目はその大前提として、**指導者と競技者の人間関係には「権力」という関係がある**ということです。うちのクラブは指導者も競技者も一緒になって和気あいあいやっているので、そうした関係はないと思うかもしれませんが、この権力関係は組織や団体におけるそれぞれの立場や役割上、自ずと生じてくるものです。例えば、指導者は最終的にクラブやチームの代表やレギュラーを決める立場にありますし、場合によっては大学進学や就職で競技者を推薦することもあるかもしれません。そうした役割が指導者を、望むと望まざるとにかかわらず、競技者に対して権力をもつ立場にしていきます。そしてその権力関係が、次のような望まない言動をされても嫌と言えなくさせるのです。

　二つ目は、**指導者による言動が受け手にとって「望まない」ものであるか**否かです。例えば、女子アスリートの指導場面で場の雰囲気を和ますつもりで猥談をしたとします。しかし現在では、猥談も含め性に関する話題を口にすることは男性よりも女性には憚られる傾向が強いですし、そうした傾向は世代によっても異なります。そうした社会的風潮を顧みずに発した猥談は、その場にいる一部の人には望まれないものである可能性が高いのです。

　また競技者との心理的な距離を縮めるつもりであっても、いきなり相手のプライベートについて無遠慮に質問することも、通常は敬遠されます。特に上述のような性に関する話題や妊娠、出産は、男性よりも女性にとってよりプライベートな事柄であることにも配慮する必要があります。

　この「受け手が望まない」ということについて補足すると、例えばキツい練習メニューは競技者にとっては「望まない」ものかもしれません。しかしそうした練習メニューを指導者が課したからといって、それが即ハラスメントになるというわけではありません。その場合の指標としては、厚生労働省が示すパワーハラスメントの要素の一つ**「業務上必要かつ相当な範囲を超えたもの」**かどうかが参考になるでしょう。この要素を満たすためには、練習メニューの目標が個々の競技者の現在の能力に照らし合わせて妥当なものか、目標達成のための方法が合理的なもの等に留意しながら、指導者はスポーツ科学の知識に基づいて中長期の練習計画、ならびに毎回の練習メニューを綿密に組み立てておく必要があります。

3 **スポーツ指導に伴う身体接触**

　セクシュアルハラスメントに関しては、マッサージやテーピングが競技者の身体に触れる言い訳として使われることに留意する必要があります。またこれまでは、動きを覚えたりフォームを矯正するために、競技者の身体に触

れながらの指導も行われてきました。しかし一般社会において互いの身体接触に敏感になり、またスポーツ指導に伴う性的暴行が相変わらず報告される現状を考えると、そうした従来の指導方法を見直す時期にきているといえます。

　まずは、**どうしても身体接触を伴わないと指導ができないかを問い直しましょう**（ここでの身体接触は、落下防止など緊急時のものを除きます）。身体接触をするにしても、例えば、他の指導者の身体を使って動きを説明する方法があります。また現在では、ウェブ上の動画などスポーツ指導で活用できる優れた教材がたくさんありますし、指導している競技者のフォームを撮影してその場で見返したり、簡単な動作分析をしたりすることも容易にできるようになりました。まずはそうした代替策を積極的に検討し試してみましょう。

　それでも身体接触を伴う指導が有効であるという場合は、次の二点に留意してください。一つ目は「なぜ身体接触が必要なのか」についての説明です。**競技者や保護者に理解してもらえるよう、合理的な説明を準備しておく必要があります（説明責任）。**そのうえで、**少なくとも必ず第三者の視線がある場所でその指導を行うことです（透明性）。**指導者と競技者の二人しかいない空間での身体接触は避けるべきです。

　先にあげたマッサージやテーピングについても慎重になってください。他人の身体に密接に触れるわけですから、触れてよい部位を明確にする、異性間の接触を避けるなどの配慮が必要です。また**同性間の性的暴行事例も起こっている**ことも覚えておきましょう。

4　女子アスリートの月経について

　女子アスリートの指導者、特に男性指導者にとって悩ましいのが、女子アスリートの月経問題ではないでしょうか。競技者に占める女性の比率に比べて指導者に占める男性の比率が高い現状では、男性指導者と女子アスリート

という組み合わせが多く存在することになります。そうした状況では、**男性指導者であっても女子アスリートの月経周期やそれに付随する体調変化について理解しておく必要があります**。ただし月経という現象は女性にとっては極めてデリケートなものであり、たとえ競技のためとはいえ指導者と情報を共有するのははばかられるものです。特に直接口頭で伝える方法には抵抗感が強いようです。

実際にうまく情報共有している事例としては、コンディショニングノートのような文字による間接的なコミュニケーションがあげられます。また最近ではスマホアプリなどを使う方法もあります。この場合も、なぜこうしたことが必要なのかを競技者や保護者に説明できるよう準備しておくことが求められます。また学校であれば、養護教諭の協力を得るのも有効な方法でしょう。

5 おわりに

指導者と競技者間のハラスメントを避けるために、指導者は、競技者に対して自分が権力をもっていることの認識や、自分の言動を相手はどのように受け止めるだろうかといったことに対する感性と感度を高める必要があります。日常的に罵詈雑言が飛び交ったり、競技者の身体的特徴をからかったり、身体接触がありふれた活動環境では、競技者が安心して（身体的なことを含めた）自分のことを指導者に話す気にはなれません。「この指導者には自分のことを相談できる」と競技者から信頼を得られるよう、指導者が常に配慮している姿を見せることが、ハラスメントを予防することの大前提となります。

女子アスリートのための
カウンセリング

● こころの成長過程やストレスについて知り、接し方に生かす。
● カウンセリングの実際について知る。

1 こころの成長過程について

　発達心理学者のE.H.エリクソンは、各年代で達成すべき「発達課題（ポジティブな面）」とそれに相対する「心理社会的危機（ネガティブな面）」があり、それをクリアすると「得られる力」を示しました（**図2**）。アスリートは、取り巻く独特の環境から、一般的な成長とは異なった過程を歩むことがあると考えられています。

年代	ポジティブな面	得られる力	ネガティブな面
老年期（65歳以降）	総合	英知	絶望・嫌悪
壮年期（40〜65歳頃）	生殖性	世話(ケア)	停滞
成人初期（22〜40歳頃）	親密性	愛	孤立
青年期（13〜22歳頃）	同一性	誠実	同一性拡散
学童期（6〜12歳頃）	勤勉性	有能感	劣等感
幼児期（3〜6歳頃）	自主性	目的	罪悪感
幼児初期（1歳半〜3歳頃）	自律性	意志	恥・疑惑
乳児期（0〜1歳半頃）	基本的信頼	希望	基本的不信

図2　E.H.エリクソンの心理発達段階

（Erikson E.H., Psychological Issues, Identity and the Life Cycle, 1, international Universities Press, 1959／小此木啓吾（訳編），自我同一性，誠信書房，1973）

学童期は、勤勉性によって周囲の大人に支持され有能感をえる一方、それが叶わないときに劣等感が形成されやすくなります。この時期の発達課題は、おもに仲間集団を通して取り組まれるものであり、思春期に親友（chum）と呼ばれる存在を見出す土壌にもなります。トップを目指す子どもたちは練習に明け暮れるため学業や友だち、家族との関わりが疎かになりがちです。中でも競技開始年齢が早期で、個人スポーツは人間関係を極端に狭くし、同世代集団の中で陶冶される体験が重ねにくいといえます。親や指導者の要求や願望を満たす「代理達成」として競技している場合もあります。

　思春期・青年期は疾風怒涛の時期とも呼ばれ、赤ちゃんから小学校の高学年までの成長のやり直しを行う時期でもあります。また、第二次性徴が発来することをきっかけに自分の外見・内面に目が向きます。自分とは何か、どうなりたいかなどの「自我同一性」（アイデンティティ）をめぐる葛藤が始まり、それまで依存し盲従していた親や目上の人に反抗しつつ、その孤立感を埋める大事な存在として、内面（秘密）を共有する親友との関係を通し、自分づくりを行っていきます。アイデンティティ形成がうまくいかないと、後々多くのこころの問題を抱えることが予想されます。従順さを良きものとせず、主体性を大切にした関わりが大切です。

　成人期に達すると、自らのアイデンティティに確かな感覚をもつようになり、同僚や異性との間で、個別の深い親密性を求めるようになります。アイデンティティの形成が未成熟で、自分の価値観や考え方が確立していないと、違う価値観をもつ他者と語り合うことが難しいということが起こります。

　また、競技を引退する時期には、競技への専心が強いほど世界も狭く「自分にはスポーツ以外に何もない」と感じ、アイデンティティの再構築が困難となります。優秀な競技成績で優越感や万能感が肥大し次なる世界になじめない、完璧主義を求めて不適応に至る、逆に上司からの理不尽な言動にも無条件に我慢するということも起こりえます。

2 ストレスについての概説

　ストレッサーがかかり続けると、**図3**のように**ストレス反応**が出現します。落ち込んだり、不安になったりする**心理化**はストレス反応として分かりやすいですが、**身体化**や**行動化**も起こります。いわば、**こころのSOS**です。この中では**言語化**が一番健康的なストレス反応だといわれています。不適応を起こすような/本人が苦しむようなストレス反応が生じている場合、まず指導者は、アスリートと話し、**ストレッサーを把握**し、**環境調整**（ストレッサーを弱める、人間関係の調整をはかるなど）に工夫を凝らすとよいでしょう。それでも奏功しない場合は、医療機関やカウンセリングに繋げるとよいでしょう。

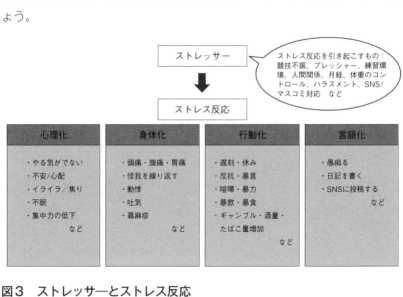

図3　ストレッサーとストレス反応

3 カウンセリングを受ける

　公認心理師や**臨床心理士**によるカウンセリングでは、こころに関するありとあらゆる相談に応じられます。アスリートが相談する主な内容としては、燃え

つき、人間関係にまつわること、競技内での恐怖や不安、身体的不調（吐気、動悸、腹痛、頭痛等）、ハラスメント、PTSD、食の問題（拒食や過食）、やる気が起きない・抑うつ的な気分、引退について、発達障害など多岐にわたります。

※公認心理師は、2017年から国家資格化された新しい資格です。相談の場で出会った際は、臨床経験（どのような事例に対応したことがあるか、どういう現場で勤務していたか）を確かめ、安心して相談することができるかどうかを見極めてください。

4 カウンセリングの実際（相談者＝相談に来たアスリート）

　カウンセリングの初回（**インテーク**）では、カウンセラーが相談者から悩みが生じたきっかけや経緯などを丁寧に聞き取ります。そして、家族のことや小さい頃からの成長過程を聞き、今の心の状態を理解します。さらに明確化するために、**心理検査**を実施することもあります。また、カウンセリングを通してどうなりたいのかを共有し、問題解決のために、どのくらいの頻度でカウンセリングに通うかも一緒に決めます。アスリートの場合、遠征等があり、頻度が一定でないことも多々ありますが、心の内を話しにくい他の目がある喫茶店やホテルのロビー等で実施することは決してありません。個室で実施するのが基本です。そして大切なことは、**守秘義務**があるということです（公認心理士、臨床心理士の職業倫理として定められています）。できるだけ、ありのまま、なんでも話せる場となることが望ましく、秘密が守られて初めて、それが叶いやすくなるからです。

　指導者からすると、この守秘義務が時にはがゆいかもしれませんが、カウンセラーは、よほどのことがない限り、相談者に指示的に何かを誘導することはありません。あくまで相談者のこころが動く方向を共に確かめて進むだけですので、安心して見守っていただければと思います。一方で、指導者や周囲の方々に相談者のこころの状態を共有するほうが、問題解決に役立つ場合もあります。その時には、**相談者に許可を取った上で連携**を取り、情報共有をします。カウンセリングの目標により、カウンセリングの期間はまちまちですが、終了についても２人で相談して決めます。

06 | 女子アスリートのための メンタルトレーニング

| 学習のポイント |

● 自身のメンタル面の課題を明確にする。
● メンタルトレーニングを実践できるようにする。

1 メンタルトレーニングとは

　「練習でできることが試合になるとできなくなる」「試合中にミスをすると気持ちが切り替えられない」といった出来事は、程度に個人差はあれども、多くのアスリートが経験しているのではないでしょうか。このような出来事が生じる要因の一つに、心理的スキルの影響があげられます。心理的スキル（「心理的競技能力」と呼ばれる場合もあります）は、競技パフォーマンスを促進するために必要不可欠な要素です（**表1**）。心理的スキルはトレーニングによって習得もしくは向上させることが可能であり、このトレーニングがメンタルトレーニングです。

　メンタルトレーニングを始める際に重要なことは、次の2点です。
・女子アスリートが自身の心理的な課題を明確にすること
・取り組んでいる競技種目おいて重要な心理的スキルを明確にすること
　手当たり次第にメンタルトレーニングを行うよう指示するのではなく、アスリートの課題と競技の特性に合った心理的スキルの獲得を目指しましょう。

表1　心理的競技能力

因子	下位尺度
競技意欲	忍耐力、闘争心、自己実現意欲、勝利意欲
精神の安定・集中	自己コントロール、リラックス能力、集中力
自信	自信、決断力
作戦能力	予測力、判断力
協調性	協調性

（徳永幹雄 他，心理的競技能力診断検査 DIPCA.3，中学生～成人用，トーヨーフィジカル，2000）

2　メンタルトレーニングの方法

　ここでは、どのような競技種目においても重要な心理的スキルである、競技意欲と精神の安定・集中を取り上げ、「目標設定技法」「リラクセーション技法」を紹介します。

①目標設定技法

　適切な目標は、行動を方向づけるモチベーションの役割を果たし、主体的な競技の取り組みを促進させる働きが期待できます。また、アスリート自身が立てた目標が自らの努力によって達成できた経験は、自信へとつながります。心理的スキル獲得を目的として目標設定を行う場合、**表2**に示す原理・原則を踏まえて実施することで、より効果が高まります。

②リラクセーション技法

　パフォーマンス発揮には、適度に緊張し、適度にリラックスしている状態が望ましいとされています。

　身体に働きかけて緊張の程度を調整するメンタルトレーニングとして、リラクセーション技法があり、代表的な技法に、呼吸法、自律訓練法、筋弛緩法があります。ここでは、呼吸法を紹介します。

女子アスリートのこころを正しく支える　―コミュニケーション―

表2　目標設定の原理・原則とポイント

目標設定の原理・原則	ポイント
① 一般的で抽象的な目標（例「ベストを尽くす」）ではなく、詳しくて具体的な目標（例「100mを11秒で走る」）を設定する。	達成できたかどうかが評価できる目標を設定しましょう。記録など数値で表される項目を目標とすると評価しやすいです。
② 現実的で挑戦的な目標（成功率50％ぐらいのもの）を設定する。	一生懸命努力すれば達成できる目標を設定することで、意欲が向上します。一方で、高すぎる目標は自信を低下させます。
③ 長期目標（例「全国大会優勝」）も大切であるが、短期目標（例「月末の記録会でベスト記録」）を重視する。	最終目標（長期目標）と、日頃のトレーニングがつながるよう、段階的な目標設定をしましょう。
④ チーム目標（例「全国制覇」）よりも個人目標（例「シュート決定率45％」）を重視する。	チーム目標を達成するためには、自分自身にどのようなプレーや役割が求められているかを考えることが重要です。
⑤ 勝敗目標（例「試合で勝つ」）よりもプレー目標（例「1ゲーム20得点」）を設定する。	努力した内容やプロセスに着目することで、自信の獲得や課題の明確化へとつながります。
⑥ 目標に対して、その上達度が具体的かつ客観的に評価されるよう工夫する。	進歩を確認することにより、意欲が向上し、競技への取り組みの質を高めることができます。

（石井源信，選手とコーチのためのメンタルマネジメント・マニュアル，95-111，1997年）

▎リラクセーション技法の呼吸法

【基本姿勢】

椅子に座った状態で手は太ももに置き、両足の裏は床につけます。背中はまっすぐを保ちます。

【手順】

①姿勢を整え、軽く目を閉じます。最初は自然な呼吸に意識を向けます。

②呼吸法を開始します。鼻から3～4秒かけて深く息を吸い込み（腹式呼吸）、2～3秒間息を止め、6～8秒かけて口からゆっくりと吐き出します。息を吐き出す時、リラックスした感じを理解しましょう。

これを１セットとし、繰り返し行います。

③息を吐いた後、ゆっくりと目を開けます。すぐに立ち上がらず、消去動作（手を握ったり開いたりする、両手を握って肘の曲げ伸ばしをする、大きく伸びをする、強く吸い込み一気に吐き出す呼吸を数回繰り返す）を必ず行いましょう。

【実施のポイント】

腹式呼吸が難しい場合は、仰臥位で行ってみましょう。

トレーニングの意識をもち、まずは短時間で行い、徐々に自身に合う形を見つけていきましょう。

3 女子アスリートとメンタルトレーニング

　女子アスリートは、周囲からの期待や要請に応えることを自身の競技の推進力とする傾向が強いことが指摘されています。周囲への感謝や恩返しの気持ちは、スポーツマンシップにつながる大切な感情です。しかし、周囲からの期待や要請に応えることだけが競技をする目的となった場合、競技への主体的な取り組みは期待できません。指導者は本節で紹介した目標設定技法などを活用し、「私自身が競技を通して達成したいこと・獲得したいもの」について、女子アスリートが日頃から考える機会を提供することが重要です。

　その他にも、男子アスリートに比べ女子アスリートは協調性が高いことが報告されていることから、チームビルディング技法を導入することにより、高い効果が期待できます。その一方で、「女子アスリートは依存的である」「男子アスリートに比べメンタルが弱い」という、誤った認識も存在します。女子アスリートに関わる人々には、自身の女子アスリートに対する認識が「ステレオタイプ」なものとなっていないか、立ち止まって考える姿勢が求められます。男子アスリート、女子アスリート、それぞれの特性を理解することで、すべてのアスリートに対する理解が進んでいくと考えられます。

性的マイノリティに
対するコミュニケーション

● 選手の中には必ず多様な性の選手がいることを前提に考える。

1 ▶ 目に見えないマイノリティ[4]

　出生時に男性外性器がついていれば男性、なければ女性と判断されますが、人間の性はそんなに単純なものではありません。**生物学的な性、性的指向、性自認、表現する性**の4要素の組み合わせによって成り立ちます。

　LGBTQ（性的マイノリティの総称）と一言で言っても、それぞれが抱える課題は様々ですが、共通の課題としてあげられるのは「目に見えないマイノリティ」であるということ。あなたがもしLGBTQの存在を身近に感じられていなかったら、それは会ったことがないのではなく気づかなかっただけかもしれません。そこには「いない」のではなく、「言えない」という現実があります。

　特に男女二元論が根強く、強い者が評価されるスポーツ界において、自分がマイノリティであることを言い出すのは非常に困難であり、事実として性的マイノリティ当事者が学生時代に嫌な思いをした場所トップ3は更衣室、体育、部活動とどれもスポーツにまつわる場所というデータもあります。カミングアウトの有無にかかわらず、選手の中にはLGBTQの当事者がいる前提での指導を心がけましょう。

　LGBTQ全体の人口割合は、様々なデータから5〜8％といわれており、中でもトランスジェンダーの人口は、0.7〜0.8％程度です。

　トランスジェンダーと一言で言っても、その性別違和は個人差が非常に大きく、すべてのトランスジェンダーが手術やホルモン製剤の投与を望むわけではありません。トランスジェンダーの中でも特に性別違和が強く、医師の診断を受けた場合に性同一性障害という疾患名をつけられることがありましたが、世界的には「障害」ではなく一つの生き方であるという認識になっています。世界保健機関（WHO）の精神疾患分類から正式に外れ、現在は「性の健康」という分野に分類されるようになりました。

　出生時に割り当てられた性別が男性で性自認が女性の場合はトランスジェンダー女性、出生時に割り当てられた性別が女性で性自認が男性の場合はトランスジェンダー男性と呼びます。一般的には、トランス男性、トランス女性と表記されることが多いです。

　すべてのトランスジェンダーが手術やホルモン製剤の投与を望むわけではありませんが、トランス男性の多くは、自身の乳房や月経といった女性の象徴に嫌悪があるため、ホルモン製剤の投与で月経を止めるケースがあります。しかし、現役選手がホルモン製剤の投与をしてしまうと女性競技への出場が難しくなるケースもあるため、競技継続のために製剤のホルモン投与を我慢している選手も少なくありません。そのような選手の中には、激しい運動で月経が止まるのはむしろ都合がよく、また月経の話をすること自体に苦痛があるため誰にも相談せず放っておく場合があり、適切な指導が必要です。

| 学習のポイント |

- メディアでの表象やメディアを通した発信は、社会全体とのコミュニケーション手段であるため、メディア・リテラシーを高める必要があることを認識する。
- 過去から近年までの女子アスリートの姿の描かれ方の変化を知る。
- 女子アスリートのメディア表象は社会に影響を与えることを踏まえ、どのような存在として描かれたいかを主体的に考える。

1 メディア・リテラシー

　メディアにおける表象は、スポーツのファン、市民一般、支援する企業等とアスリートとの重要なコミュニケーションの手段となります。メディアに関連する事柄を理解し、クリティカルな思考で読み解き、活用する能力（メディア・リテラシー）を高めることで、この手段を有効に活用できます。

　元アナウンサーでメディア教育に携わっている下村健一氏は、メディアと向き合うときに必要な4つのポイントを「ソウカナ」という言葉で表しています。これは「即断するな・鵜呑みにするな・偏るな・中だけみるな」の頭文字をとった造語です。目にした情報の根拠や真偽を確認しないまま信じる、物事には様々な見方があることに気づかない、部分的に切り取られた情報だけで判断する、などの危険性を伝えています。

　こうした危険性に関する知識は、自分自身がメディアから情報を受け取る際だけでなく、取材を受けたり、発信者となったりする際にも役立ちます。情報を受け取る立場の視点を意識することは、根拠のある客観的・論理的な

情報を発信することや、望まないイメージでアスリート本人が表象されるのを回避することにつながります。それは、メディアを通じて社会と優れた対話ができるアスリートに不可欠なスキルです。

2 ジェンダー表象

メディア・リテラシーには、**人権の尊重**や**マイノリティ**の立場を大切にすることが含まれます。ジェンダーに関する視点もその一つです。女性の社会的地位を高め、男女の不平等をなくそうとする国際社会の潮流の中で、メディアにおける女性の描かれ方には負の影響があることが指摘されてきました。メディアを通じて繰り返し流されることで、男女の固定的な役割やイメージ、性差別的なメッセージが、無意識に人々の心に浸透してしまうためです。

アスリートを起用したCMを分析した研究では、力強さを発揮する一方で弱さやユーモアのある人間としてのアスリート、しなやかで美しい男子アスリート、荒々しく力強い女子アスリート、様々な障がいのあるアスリートの身体などが描かれることが少ない傾向が指摘されています。こうした傾向は、本来は多様な個人であるはずのアスリートの姿を固定的なイメージで捉えることにつながり、アスリート自身が個性を発揮することができない環境をつくり上げてしまいます。

3 女子アスリートの描かれ方の時代的変化

スポーツメディア研究者のトニー・ブルースは、新聞での女子アスリートの描かれ方の変化を1970年代以降の研究成果にもとづいて分析しました。その結果について、時代的な変化を明確にし、日本語での報道に置き換えて考えやすくなるよう調整した**表2**を示します。女子アスリートの商品価値を低める、成人である女子アスリートを子ども扱いする、スポーツと無関係な側面をより多く描く、などの過去の傾向は減少しています。

表3　女子アスリートに対するメディアの常習的な表象

	常習的な表象	時期
1	商品価値を低めた報道	1970年代〜2010年頃（過去）
2	ジェンダー冠詞	
3	子ども扱い	
4	スポーツと無関係な側面	
5	男子スポーツとの比較	
6	女子アスリートは重要ではない	過去〜現在（継続）
7	異性愛／あるべき女らしさ	
8	性的存在化	
9	アスリートとしての力量と女らしさの併記（矮小化）	
10	活動的なアスリート	2015年頃〜（現在）
11	本物のアスリート	
12	市民のモデル	
13	わたしたちと彼ら	
14	わたしたちの声（代弁）	新たな傾向
15	きれい、かつパワフル	

（トニー・ブルース，メディアの中のスポーツウーマン：オリンピック報道と日常的報道の国際的動向についての分析、スポーツとジェンダー研究 15：40-52，2017）より來田改変

　あるべき女性らしさを含めたり、性的存在として扱う報道や**表3**の4や7で生じがちな**ルッキズム**（外見による価値づけ）などは、継続してみられます。

　近年では、社会における両性の平等が重視されるにつれ、女子アスリートとしての価値が大切にされ、市民のモデルとして、あるいはマイノリティの代弁者として描く報道もみられます。一方で、**表3**の13「わたしたちと彼ら」とされる報道もみられるようになっています。この報道は、自国の女子アスリートは性的対象として描かれないのに、他国の女子アスリートはそのように描くというタイプのものです。こうした報道には、国・人種・民族などとジェンダーが交差する差別の構造があることが示されています。

　女子アスリートに関する報道量の少なさも指摘されています。5大陸20

カ国の新聞報道を比較したプロジェクト研究によれば、2000年代以降、女子アスリートの報道は一貫して全体の10%程度でした。米国のテレビのスポーツニュースでは1989年以降平均して5%に留まっていました。この現状には、特にスポーツ分野のメディアで働く女性が少なく、スポーツが多様な視点で描かれていないことも影響しているとされています。

4　どのように描かれたいか／描かれるべきかを主体的に考える

　国際オリンピック委員会は2021年に「スポーツにおけるジェンダー平等、公平でインクルーシブな描写のための表象ガイドライン[5]」を公表しました。このガイドラインは、あらゆる形態のコミュニケーションにおいて、ジェンダー平等で公正な表象が行われることをめ目指し、メディア制作者、スポーツ団体を主な対象として作成されたものです。

　本稿で紹介しきれなかった基礎的な知識、現状と課題の分析に加え、留意点や好事例が紹介されています。例えば「スポーツの表象チェックリスト」では、コンテンツが性別に偏っていないか、スポーツ中心の視点ではなくアスリートの性別に視点が置かれていないか、両性の競技を同一の熱意と価値で表現しようとしているか、などに注意を払うこと、映像・言葉での表現・多様な人々の声や社会的背景を代弁するストーリーが意識されているか、といった項目が示されています。また、スポーツ団体にできることとして、両性の競技がバランス良く扱われるための競技スケジュールや、放送権契約に両性の競技の平等な報道を盛り込むこと、女子アスリートや女性コーチがインタビューの対象になること、報道スタッフに女性を配置していることにインセンティブを提供すること、などが示されています。

　このようなガイドラインを参考にすることで、描かれたアスリートの姿が社会にどのような影響を与えるかを知り、アスリート自身がどのような存在として描かれたいかを考える手がかりを得られます。

参考文献

1　独立行政法人日本スポーツ振興センター 国立スポーツ科学センター，Health Management for Female Athlete―女性アスリートのための月経対策ハンドブック―，2016

2　順天堂大学，女性アスリート戦略的強化支援方策レポート，2013〈https://researchcenter.juntendo.ac.jp/jcrws/researchproducts/coaching/strengthening_support_report/〉

3　Susan Pinker，なぜ女は昇進を拒むのか 進化心理学が解く性差のパラドクス，早川書房：280-281，2009

4　公益財団法人日本スポーツ協会，体育・スポーツにおける多様な性のあり方ガイドライン 性的指向・性自認（SOGI）に関する理解を深めるために 第4版，2023〈https://www.japan-sports.or.jp/Portals/0/data/supoken/doc/SOGIguigeline/jspo_optimal_sexual_diversity_vor4_high2p_20230831.pdf〉

5　国際オリンピック委員会，スポーツにおけるジェンダー平等、公平でインクルーシブな描写のための表象ガイドライン，2021〈https://stillmed.olympics.com/media/Documents/Beyond-the-Games/Gender-Equality-in-Sport/IOC-Gender-Portrayal-Guidelines-JP.pdf〉

｜ 用 語 集 ｜

本文内に記載のある略称についてフルスペルの一覧です。

chapter1

国際オリンピック委員会（IOC：International Olympic Committee）
各国・地域のオリンピック委員会（NOC：National Olympic Committee）
日本オリンピック委員会（JOC：Japanese Olympic Committee）
日本スポーツ協会（JSPO：Japan Sport Association）

chapter2

性腺刺激ホルモン放出ホルモン（GnRH：Gonadotropin Releasing Hormone）
卵胞刺激ホルモン（FSH：Follicle Stimulating Hormone）
黄体化ホルモン（LH：Luteinizing Hormone）
利用可能エネルギー不足（LEA：low energy availability）
女性アスリートの三主徴（FAT：Female Athlete Triad）
スポーツにおける相対的エネルギー不足（REDs：Relative energy deficiency in sport）
体格指数（BMI：Body Mass Index）
二重エネルギーエックス線吸収測定法（DXA法：Dual energy X-ray Absorptiometry）
20〜44歳の健康女性の骨密度を100%とした指標（YAM値：Young Adult Mean）
経口避妊薬・低用量エストロゲン・プロゲスチン配合薬（OC・LEP：Oral contraceptives・low dose estrogen progestin）
多嚢胞性卵巣症候群（PCOS：Polycystic Ovary Syndrome）
プロスタグランジン（PG：Prostaglandin）
非ステロイド性消炎鎮痛剤（NSAIDs：Non-Steroidal Anti-Inflammatory Drugs）
月経前症候群（PMS：Premenstrual syndrome）
月経前不快気分障害（PMDD：Premenstrualdysphoric disorder）
レボノルゲストレル徐放剤（LNG-IUS：Levonorgestrel Intra Uterine System）

世界保健機関（WHO：World Health Organization）
子宮頸部上皮内腫瘍（CIN：Cervical Intraepithelial Neoplasia）
ICPモデル（Infancy Childhood Puberty model）
起立性調節障害（OD：Orthostatic Dysregulation）
全身性エリテマトーデス（SLE：Systemic Lupus Erythematosus）
オーバートレーニング症候群（OTS：Overtraining syndrome）
膝前十字靭帯（ACL：Anterior Cruciate Ligament）

chapter3

身長発育速度ピーク（PHV：Peak height velocity）
アデノシン三リン酸（ATP：Adenosine tri-phosphate）
クレアチンリン酸（CP：Creatine Phosphate）
アデノシン二リン酸（ADP：Adenosine diphosphate）
アセチル補酵素A（アセチルCoA：アセチル coenzyme A）
クエン酸回路（TCA回路：Citric Acid Cycle）
最大酸素摂取量（VO_2max：Volume O_2 maximum）

chapter5

世界アンチ・ドーピング規程（Code：World Anti-Doping Code）
日本アンチ・ドーピング機構（JADA：Japan Anti-Doping Agency）
国内アンチ・ドーピング機関（NADO：National Anti-Doping Agency）
国際競技連盟（IF：International Federations）
Global DRO：The Global Drug Reference Online
治療使用特例（TUE：Therapeutic Use Exemption）
検査対象者登録リスト（RTP：Registered Testing Pool）
検査対象者リスト（TP：Testing Pool）
世界ドーピング防止機構（WADA：World Anti-Doping Agency）
ADAMS：Anti-Doping Administration & Management System
アスリートバイオロジカルパスポート（ABP：Athlete Biological Passport）
ドーピングコントロールオフィサー（DCO：Doping Control Officers）
日本スポーツ振興センター（JSC：Japan Sport Council）
公益財団法人日本パラスポーツ協会（JPSA：Japanese Para-Sports Association）
日本パラリンピック委員会（JPC：Japanese Paralympic Committee）

chapter6

パフォーマンスゴール（PG：Performance Goal）
国際キンアンソロポメトリー推進学会（ISAK：International Society for the Advancement of Kinanthropometry）
生体電気インピーダンス法（BIA：Bioelectrical Impedance Analysis）
LHA：Leg Heel Angle
体重支持筋力（WBI：Weight Bearing Index）
最大挙上重量（RM：Repetition Maximum）
張力下の時間（TUT：Time Under Tension）
LSD：long slow distance
緊急時対応計画（EAP：Emergency Action Plan）
自動体外式除細動器（AED：Automated External Defibrillator）

chapter7

国立スポーツ科学センター（JISS：Japan Institute of Sports Sciences）
LGBTQ：Lesbian Gay Bisexual Transgender Queer/Questioning

※初出順

あとがき

　1252エキスパートにチャレンジしてくださった皆さま、ここまでテキストを読み進めてくださった皆さま、ありがとうございました。

　この新たな学びの仕組みをつくりあげるにあたって、ドクターや大学の先生、トップトレーナーなど多くの専門家の方々のお力添えをいただきました。また、橋本聖子さんや室伏広治さんをはじめとする日本を代表するトップアスリートの方々の知見も盛り込まれ、他に類をみない素晴らしい形にまとまったと思っています。

　日頃よりサポートしてくださっている関係者の皆さまにこの場を借りて御礼申し上げます。

　私たちが一般社団法人スポーツを止めるなを立ち上げたのは2020年、新型コロナウイルス感染症の世界的流行がきっかけでした。スポーツの試合や部活動など様々な活動に影響がおよぶ中、このままでは若者たちの挑戦の機会や成長の機会が失われてしまうという危機感からスタートしました。

　今でも、次世代アスリートの成長を支援するという目的を変えず、活動を推進しています。その道のりで数々の課題に直面する中、多くのアスリートや専門家との出会いを通じて、世の中に真に必要なものは何かを常に考え続けてきました。

　1252公認 女子アスリートコンディショニングエキスパート検定もその一つです。今までほとんど知られていなかった、女子アスリートを指導する上で必要な知識を網羅したつもりです。今回の学びをきっかけに、スポーツを通じた成長やパフォーマンス向上のために必要な見識が広がっていくこと

を願っています。

　本書の１章でご覧いただける通り、ジェンダーという観点からみても、誰もが楽しめるスポーツ環境のためにはまだ課題が多いというのが実状です。私たちは、スポーツ界は社会の縮図であると考えています。部活動でのジェンダーバランスや悩みを抱える構図は、同様に社会のいたるところでみられるのではないでしょうか。

　そのような中で、1252プロジェクトを通じて解決モデルを提示することが、誰もがスポーツを楽しみ、自立した人材を育んでいく一助になると考えています。そしてスポーツ界のみならず、ひいては社会全体をスポーツのチカラでより良い方向に導いていくものになると信じています。

　このためにも私たちはさらに学生アスリート支援に邁進していく所存です。

　女子アスリートのため、次世代のために。1252プロジェクトそして一般社団法人スポーツを止めるな を引き続きご支援ご指導くださいますようよろしくお願いいたします。

一般社団法人スポーツを止めるな　共同代表　**最上紘太**

｜ 監 修 者 ・ 執 筆 者 ・ 協 力 者 一 覧 ｜

全体監修者
伊藤華英 競泳オリンピアン/一般社団法人スポーツを止めるな 理事・1252プロジェクトリーダー
最上紘太 一般社団法人スポーツを止めるな 共同代表
能瀬さやか 独立行政法人日本スポーツ振興センター ハイパフォーマンススポーツセンター/国立スポーツ科学センター 産婦人科医

監修者
chapter1 **來田享子** 中京大学スポーツ科学部 教授
chapter2 **能瀬さやか** 独立行政法人日本スポーツ振興センター ハイパフォーマンススポーツセンター/国立スポーツ科学センター 産婦人科医
chapter3 **中村真理子** 独立行政法人日本スポーツ振興センター ハイパフォーマンススポーツセンター/国立スポーツ科学センター 先任研究員
chapter4 **小清水孝子** 大妻女子大学家政学部 教授
chapter5 **室伏由佳** 順天堂大学スポーツ健康科学部 准教授
chapter6 **山本邦子** 有限会社トータルらいふけあ 取締役
chapter6 **里大輔** 株式会社SATO SPEED 代表取締役
chapter7 **土屋裕睦** 大阪体育大学体育学部 教授

執筆者
chapter1
工藤保子 大東文化大学スポーツ・健康科学部 准教授
平野佳代子 井戸田整形外科名駅スポーツクリニック 理学療法士
佐々木亜悠 一般社団法人スポーツを止めるな 125プロジェクト クリエイティブディレクター

chapter2
中村寛江 東京大学医学部附属病院 女性診療科・産科 産婦人科医
木下紗林子 東京大学医学部附属病院 女性診療科・産科 産婦人科医
河原雄真 帝京大学ちば総合医療センター 産婦人科医
糟谷美律 東京北医療センター 産婦人科医
宇津野彩 虎の門病院 産婦人科医
平池修 東京大学医学系大学院 産婦人科学講座 准教授
友利杏奈 独立行政法人日本スポーツ振興センター ハイパフォーマンススポーツセンター/国立スポーツ科学センター 副主任研究員
蒲原一之 独立行政法人日本スポーツ振興センター ハイパフォーマンススポーツセンター/国立スポーツ科学センター 主任研究員
山口達也 順天堂大学医学部スポーツ医学研究室精神科 特任助教
山本宏明 北里大学 メディカルセンター精神科 副部長
武冨修治 東京大学大学院医学系研究科 整形外科学 講師
半谷美夏 独立行政法人日本スポーツ振興センター ハイパフォーマンススポーツセンター/国立スポーツ科学センター 副主任研究員

chapter3
須永美歌子 日本体育大学児童スポーツ教育学部 教授
相澤勝治 専修大学スポーツ研究所 教授

chapter4

石井美子 独立行政法人日本スポーツ振興センター ハイパフォーマンススポーツセンター/国立スポーツ科学センター 非常勤専門スタッフ

近藤衣美 筑波大学体育系 特別研究員(PD)

高井恵理 独立行政法人日本スポーツ振興センター ハイパフォーマンススポーツセンター/国立スポーツ科学センター 契約研究員

亀井明子 独立行政法人日本スポーツ振興センター ハイパフォーマンススポーツセンター/国立スポーツ科学センター 副主任研究員

chapter5

渡部厚一 筑波大学体育系 教授

上東悦子 独立行政法人日本スポーツ振興センター ハイパフォーマンススポーツセンター/国立スポーツ科学センター 主任専門職

chapte6

岩本紗由美 東洋大学健康スポーツ科学部 教授

大川靖晃 帝京大学スポーツ医科学センター 講師

小出敦也 早稲田実業学校 アスレティックトレーナー

泉建史 日本オリンピック委員会 医科学強化スタッフ フィジカル育成強化担当

太田千尋 ラグビー15人制男子日本代表 S&Cコーチ

平井晴子 株式会社WIS 代表取締役

chapter7

來田享子 中京大学スポーツ科学部 教授

山口香 筑波大学体育系 教授

高峰修 明治大学政治経済学部 教授

関口邦子 独立行政法人日本スポーツ振興センター ハイパフォーマンススポーツセンター/国立スポーツ科学センター 臨床心理士/公認心理師"

堀口雅則 東京21法律事務所 弁護士

奥野真由 久留米大学人間健康学部 講師

杉山文野 NPO法人東京レインボープライド 共同代表理事

特別協力者

橋本聖子 元東京オリンピック・パラリンピック競技大会担当大臣

室伏広治 スポーツ庁長官

小塩靖崇 国立精神・神経医療研究センター 常勤研究員

廣瀬俊朗 元ラグビー日本代表/一般社団法人スポーツを止めるな 共同代表

JADA （日本アンチ・ドーピング機構）

鈴木大地 初代スポーツ庁長官/順天堂大学 教授/順天堂大学スポーツ健康医科学推進機構 機構長

協力者

増島みどり スポーツライター

田中夕子 スポーツライター

田口麻由 一般社団法人スポーツを止めるな 1252プロジェクト アートディレクター

河合佐美 一般社団法人スポーツを止めるな 1252プロジェクト コピーライター

櫻井爽太 一般社団法人スポーツを止めるな 1252プロジェクト コピーライター

1252公認
女子アスリート
コンディショニングエキスパート検定
テキストブック

一般社団法人スポーツを止めるな

2020年、コロナ禍で生まれた非営利型一般社団法人。学生アスリートが挑戦機会を失う中、「成長支援」をテーマに様々な手法によりアプローチ。多くのトップアスリートや専門家と連携し、大人の知恵による次世代支援を具現化している。
「1252プロジェクト」は、同社団内で女子アスリートが抱える「生理×スポーツ」の課題に取り組むプロジェクトで本検定の主催を務めている。
https://spo-tome.com/

2024（令和6）年1月30日　初版第1刷発行

編　者：一般社団法人スポーツを止めるな
発行者：錦織　圭之介
発行所：株式会社東洋館出版社
　　　　〒101-0054　東京都千代田区神田錦町2丁目9番1号
　　　　　　　　　　コンフォール安田ビル2階
　　　　（代　表）電話 03-6778-4343　FAX 03-5281-8091
　　　　（営業部）電話 03-6778-7278　FAX 03-5281-8092
　　　　振　替　00180-7-96823
　　　　Ｕ Ｒ Ｌ　https://www.toyokanbooks.com/

装丁　小口翔平＋須貝美咲（tobufune）
本文フォーマット・組版　株式会社明昌堂
印刷・製本　株式会社シナノ

ISBN 978-4-491-05375-2　／　Printed in Japan